James F. Twyman

Abgesandte der Liebe

mit den »Thomas-Botschaften«

Dieses Buch widme ich meiner Tochter Angela,
die mich einige der wesentlichsten Dinge
in meinem Leben lehrte.

James F. Twyman

Abgesandte der Liebe

mit den »Thomas-Botschaften«

mit einem Vorwort von

Neale Donald Walsch

KOHA

Titel der Originalausgabe:
»Emissary of Love«
first printing 2002
Aus dem Englischen von Nayoma de Haën
 – 1. Auflage: Juli 2003
Lektorat: Eva Boettler und Delia Rösel
Umschlag: Chiaradina email: chiaradina@vienna.at
Satz: Satjana's
Gesamtherstellung: Karin Schnellbach
Druck: Bercker, Kevelaer
ISBN 3-936862-05-2

INHALT

Vorwort

Große Wahrheiten kommen oft im Gewand guter Geschichten einher und bei jeder guten Geschichte schwebt die Frage im Hintergrund, ob sich das Erzählte wirklich so ereignet hat. Ist es wirklich passiert? Und genauso, wie es erzählt wurde? Oder wurde hier und da ein wenig ausgeschmückt, um die Geschichte interessanter zu machen? Und: Spielt das überhaupt eine Rolle oder geht es nicht eigentlich um die dahinter liegende Weisheit?

Abgesandte der Liebe ist eine wirklich gute Geschichte, in der wunderbare Weisheiten enthalten sind. Das erstaunt mich nicht, da ich den Erzähler als einen äußerst mitfühlenden Menschen kenne, der tiefe Erkenntnisse gewonnen hat. Seine Anwesenheit wirkt immer heilend, seine Seele singt immer das Lied der Liebe.

James Twyman ist kein gewöhnlicher Geschichtenerzähler. Er ist ein Weiser, der die Gabe hat, mit seinen Geschichten und Liedern alte Wahrheiten völlig neu zum Klingen zu bringen und suchenden Seelen damit Botschaften des Lichts und der Wunder zu verkünden. Das macht ihn zu einem Lichtbringer, zu einem Abgesandten der Liebe.

Seit vielenJahren reist James mit seinen Instrumenten durch die ganze Welt und singt Lieder der Friedfertigkeit an Orten des Streits. Er hat sich einen internationalen Ruf als Friedens-Troubadour erworben und wird ständig in kriegsbelastete Regionen eingeladen (»inständig gebeten« müsste man wohl eher sagen), um den Menschen seine heilende Energie zu bringen, zu singen in Zeiten des Kummers, den Geist zu lobpreisen und zu erheben in Zeiten, wo er zu unterliegen scheint, die Wahrheit auszusprechen in Zeiten, in denen sich viele der falschen und negativen Vorstellungen über die Natur des Menschen offensichtlich zu bestätigen scheinen.

Ich habe James hierbei zugesehen und seine Energie und Hingabe bewundert. Mehrfach stand ich Seite an Seite mit ihm auf der Bühne vor dem Publikum und erlebte seine außerordentliche Wirkung auf die jeweilige Stimmung. Er vermag schneller als jeder andere, den ich kenne, die Gemüter zu besänftigen und den Seelen ihre süßesten Liebestöne zu entlocken.

Ich habe einen persönlichen Spitznamen für James Twyman. Ich nenne ihn insgeheim »Abra«, als Kurzform für Abrakadabra, denn er wirkt wie ein Zauberspruch. Sein Zauber besteht darin, Trauer in Liebe zu verwandeln, ein Zauber, den diese vor Ungläubigkeit taumelnde und von Unmensch-lichkeit gequälte Welt dringend benötigt.

Dieser besondere Mensch erzählt hier aus seiner persönlichen Erfahrung eine besondere Geschichte. Ist es wirklich seine persönliche Erfahrung? Hat er sie möglicherweise nur erfunden? Ist er vielleicht mit der Wahrheit hier und da etwas großzügig umgegangen? Oder hat es sich genau so zugetragen?

Solche Fragen stellt man keinem Meistererzähler, genauso wenig wie man eine faszinierende Frau nach ihrem Alter fragt. In beiden Fällen ist eine solche Frage irrelevant und die Weisen wissen das.

Die Frage ist nicht, ob es sich genauso ereignet haben könnte. Sie lautet vielmehr: Was kann ich daraus lernen? Welche Schätze liegen für mich in dieser, mir anvertrauten Geschichte?

Oh ja, diese Geschichte wurde Ihnen anvertraut. Täuschen Sie sich nicht. Es war Ihnen bestimmt, sie zu lesen. Denn jedes Ereignis enthält eine Lehre. Jeder Augenblick unseres Lebens bietet uns Gelegenheit zur Erinnerung an etwas, was wir immer wussten und doch vergessen haben.

Manchmal sind es eben Worte, die als segensreiche Erinnerung unseren Weg kreuzen, oft von einem Menschen, der sich ein wenig mehr erinnert als wir und der berufen wurde, uns beim Erinnern zu helfen. Solche Menschen geben uns uns selbst zurück.

Er weiß. Er erinnert sich. Er versteht. Und er verbringt einen Großteil seines Lebens damit, seine Gabe der Erinnerung vor bereitwilligen und hungrigen Seelen auszubreiten.

Kommen Sie also und laben Sie Ihre Seele an dieser Kost, an dieser Geschichtentafel. Lassen Sie sich von diesem wunderbaren, bezaubernden, mystischen Bericht Ihr Herz erwärmen.

Es wird Sie bereichern, erweitern und beleben.

Neale Donald Walsch

KAPITEL EINS

Marco

Außerordentliche Ereignisse kommen oft unter dem Gewand ganz gewöhnlicher Augenblicke daher, wie seltene Vögel, die fast unbemerkt in unser Leben flattern, als hätten wir vergessen, dass sie gar nicht in der Stadt vorkommen, oder in den Bergen, je nachdem, wo wir uns an so einem Tag gerade aufhalten. Wenn dann einer dieser Vögel sanft auf unserem Fensterbrett landet, bemerken wir etwas, was auf den ersten Blick unmöglich erscheint. Wir atmen einmal tief durch und im nächsten Augenblick erwägen wir schon alle möglichen Dinge, die uns vorher nie in den Sinn gekommen wären. Oft geht damit ein Geschenk einher, das vielleicht zunächst unbemerkt bleibt, doch unser Leben von Grund auf verändert. Es ist nur ein Vogel, doch er eröffnet uns eine neue Welt. Nichts wird mehr so sein wie zuvor und jeder sieht es uns an.

Ich saß am Küchentisch beim Frühstück, so wie ich es jeden Morgen tue, wenn ich zu Hause bin, was nur zu ungefähr vierzig Prozent meiner Tage der Fall ist. Es war Ende Januar 2001 und ich war gerade von einer einmonatigen Konzert- und Vortragstournee entlang der Westküste zurückgekommen. Dreiundzwanzig Auftritte in fünfundzwanzig Tagen, für einen Rockstar mag das normal sein, aber nicht für einen Schriftsteller und Musiker, der nur einer Handvoll von Leuten bekannt ist. Ich war erholungsbedürftig und wunderte mich selbst, dass ich um neun Uhr morgens schon wach war. Es war ein aufreibender Marathon von Autorenlesungen, Friedenskundgebungen und Abendveranstaltungen gewesen. Ich war endlich wieder zu Hause und das tat mir sehr gut.

In diesem Augenblick veränderte sich mein Leben.

Ich aß eine Schüssel Müsli mit Joghurt und schaute aus dem Küchenfenster den Vögeln zu, die sich an dem Futter gütlich taten, das ihnen jemand hingestreut hatte. In meiner linken Hand balancierte ich leicht einen Löffel, ohne besonders darauf zu achten. Meine ganze Aufmerksamkeit war bei den Spatzen, die umeinander hüpften und ihre Schnäbel in die große Schale tauchten, die der heilige Franz in seinen Keramikhänden hielt, und ich hörte dem Brummen der Kaffeemaschine neben mir zu. Für mehr reichte meine Aufmerksamkeit nicht. Ich dachte weder an die Tournee noch an das, was vor drei Tagen in Sausalito geschehen war. (Ich hatte den größten Teil der letzten Tage zuerst mit dem Versuch verbracht, die verrückten Ereignisse jenes Abends zu begreifen und dann mit dem Versuch, sie zu vergessen.) Ich saß also zu Hause, sah den Vögeln zu und löffelte mein Frühstück. Das Folgende hätte mich kaum unerwarteter treffen können.

Ich schaute auf mein Müsli und wollte gerade den nächsten Löffel nehmen, als ich etwas Merkwürdiges sah. Der untere Teil des Löffels war dabei, sich um neunzig Grad zu verbiegen, als wäre das Metall plötzlich geschmolzen, während ich gerade wegschaute. Es geschah so schnell, dass ich gar nichts hätte tun können: Der untere Teil des Löffels sank in das Joghurt und neigte sich hilflos und ungefüllt dem Boden der Schüssel zu. Mein Verstand brauchte einen Moment, um zu erkennen, was sich da vor meinen Augen abspielte. Wie das? Wie konnte sich ein völlig normaler, fester Löffel verbiegen, ohne meine Hand zu verlassen? Diese Frage stellte sich mir in diesem Augenblick zum ersten Mal, aber es sollte nicht das letzte Mal sein.

Ich saß mindestens eine Minute lang da und starrte auf das nutzlos gewordene Metall in meiner Hand. Ich traute mich nicht, es abzusetzen aus Angst, dass sich das Ganze als Illusion erweisen würde oder dass der Löffel plötzlich wieder zu seiner gewohnten Form zurückkehren könnte. Ich schob den Stuhl zurück, ohne den Löffel aus den Augen zu lassen und saß einfach mit hilfloser Miene da.

Es gibt hier nur zwei Möglichkeiten, dachte ich mir. Entweder habe ich den Löffel mit meinen eigenen Händen verbogen, ohne es zu bemerken, was bedeuten würde, dass ich sehr viel erschöpfter sein musste, als mir bewusst war. Oder es war von alleine geschehen. Ich wollte gar nicht erst anfangen zu überlegen, was das bedeuten würde. Es war immer noch einfacher, davon auszugehen, dass ich anfing, verrückt zu werden, oder bestenfalls sehr überarbeitet war. Ich wollte lieber in mein Zimmer gehen und mich wieder hinlegen, als die Möglichkeit in Betracht zu ziehen, dass ich den Löffel mittels geistiger Kräfte verbogen hatte.

Ein schwaches Lachen entrang sich meinen angespannten Lippen und brach den Bann. »Was für ein Unsinn«, sagte ich gerade laut genug, dass ich es hören konnte. »Es ist ja wohl kaum möglich, dass ich mit meinen geistigen Kräften einen Löffel verbiege, während ich draußen den Vögeln zusehe.« Meine Bereitschaft, dies auch nur in Erwägung zu ziehen, erstaunte mich und so stand ich nach einer Weile auf, um mir einen anderen Löffel zu holen. Wozu ein unnötiges Risiko eingehen, schien mein Unterbewusstsein zu sagen, schließlich konnte es ja ein Fehler im Metall gewesen sein, und es wäre jedem so gegangen, der diesen Löffel in die Hand genommen hätte.
Ich öffnete die Schublade. Was ich als nächstes tat, überraschte mich selbst, es lief meinem bewussten Denken zuwider und ängstigte mich sogar.
Ich nahm einen anderen Löffel heraus, aber statt zurück zu meinem Müsli zu gehen, hielt ich inne. Meine rechte Hand schloss die Lade, während meine linke den Löffel genauso hielt, wie ich es zuvor am Tisch getan hatte. Ich umschloss ihn nicht fest, sondern hielt ihn nur leicht zwischen dem Daumen und zwei Fingern in der Schwebe. Ich starrte den Löffel mit vor Furcht geweiteten Augen an, als könnte die Kraft wie ein scharfer Dolch hervorschießen. Ich dachte an nichts Bestimmtes, es war da nur die blanke Angst vor dem, was geschehen könnte.
Da geschah es. Ein Gedanke begann sich zu formieren, so wie eine Wolke im blauen Himmel entsteht, ein Gedanke, der nicht aus mir selbst hervorzukommen schien, sondern von einem Ort, der mir bis dahin unbekannt gewesen war. Ich hatte meinen Eimer in einen Brunnen gesenkt, der abgrundtief zu sein schien. Ich wartete lange auf das Aufklatschen, das mir gezeigt hätte, dass ich mich irrte. Schließlich zog ich fest an dem Seil, holte es Hand über Hand herauf, um zu sehen, welche dunkle, verwirrende Flüssigkeit ich da dem Herzen der Erde entrissen hatte. Es entwickelte sich ein Wort, fast mehr ein Gefühl als Buchstaben oder ein Klang, doch in diesem Wort lebte ein ganzes, mir bis dahin völlig unbekanntes Universum.

BIEGE! Und genau das geschah, direkt hier in meiner Hand. Täuschten mich meine Augen? Manchmal erscheinen ja geradlinige Objekte gebogen, weil man sie aus einem bestimmten Winkel

sieht. Auch das leichte Vibrieren des Handgelenkes kann einen Löffel beweglich erscheinen lassen. Doch was ich sah, war keine optische Täuschung. Genauso wie zuvor hatte der Löffel sich einfach der Schwerkraft hingegeben und sich nach unten gebogen. Ich hielt den Griff weiterhin in der Hand, doch der Rest des Löffels schien ein Eigenleben zu besitzen und bewegte sich ohne physische Hilfe. Meine Wahrnehmung reichte, um festzustellen, was nicht geschehen war. Doch was war geschehen?
Ich legte den Löffel ab und nahm eine Gabel, die etwas dicker ist. Ich hielt sie wieder leicht zwischen den Fingern und »spürte« das Biegen. Ich kann es nicht besser beschreiben, ich schien instinktiv zu wissen, dass es nicht darum ging, etwas zu denken, sondern etwas zu fühlen. Ich fühlte die Freude, die es mir bereiten würde, wenn die Gabel ihre Anhaftung an das feste, dichte Universum aufgeben und sich wie ein Grashalm biegen würde. Ich spürte, wie während des Wartens in mir eine wachsende Unruhe entstand, als ob die schwerere Gabel mehr Energie erforderte als ich zuvor aufgewendet hatte. Schließlich war der Löffel leichter und biegsamer gewesen, die Gabel erschien mir also als ein guter Test. Eine Minute verstrich und nichts geschah.
Doch meine Enttäuschung währte nicht lange. Ich spürte, wie das Metall zwischen Griff und Zinken warm wurde. Ich rieb es ein wenig, bis es zu heiß wurde. Nach einigen Sekunden meinte ich eine Veränderung zu sehen. Das Metall bewegte sich und neigte sich langsam der Erde zu. Die Biegung war längst nicht so dramatisch wie bei den Löffeln, aber trotzdem deutlich. Als nächstes versuchte ich es mit einem Messer, doch es widerstand hartnäckig meinen geistigen Manipulationen. Ich kehrte also zu den Löffeln zurück, die ich ja schon als leichte Beute kennen gelernt hatte, und innerhalb von zwei Minuten verbog ich drei von ihnen. Ich rief meine beiden Wohngenossinnen aus dem Nachbarzimmer herbei. Ich fühlte mich wie ein Kind, dem ein Zauberkasten geschenkt worden war. Die Luft schien wie elektrisiert und ich wusste nicht, ob das nur an mir lag oder ob sich alles um mich herum verändert hatte. Joanne kam als erste herein und fragte, was los sei.
»Ich will euch etwas zeigen«, sagte ich zu ihr.
Ich nahm einen Löffel und hielt ihn leicht zwischen den Fingern. Mit dem Daumen und Zeigefinger der anderen Hand rieb

ich leicht den Bereich zwischen Griff und Mulde. Joanne wunderte sich, worauf das hinauslaufen sollte.
»Wenn sich dieser Löffel jetzt verbiegt, werde ich ohnmächtig«, sagte sie. Der Löffel bog sich, weiter als zuvor, und sie hätte beinahe ihr Versprechen gehalten. Ich musste sie festhalten.
In diesem Augenblick kam Sharon in die Küche. »Was ist denn hier los?«, fragte sie.
»Oh, gar nichts«, meinte Joanne sarkastisch. »James verbiegt nur gerade Löffel ... nichts Ungewöhnliches ... ich glaube, ich gehe jetzt lieber wieder zu Bett.«
»Warte ... nur einmal noch«, rief ich. Und ohne Mühe verbog ich einen weiteren Löffel vor den Augen meiner fassungslosen Freundinnen. Inzwischen lagen auf dem Tisch nebeneinander sieben nicht mehr zu gebrauchende Löffel und eine Gabel. Das Abenteuer nahm seinen Lauf.
Doch angefangen hatte es eigentlich vor drei Tagen. Als wir an jenem Abend bei dem Haus in Sausalito ankamen, war ich bereits ziemlich erschöpft gewesen. Sharon hatte diese Veranstaltungen »Informelle Abende mit James Twyman« genannt. Dies war die erste Tournee, die sie mir organisieren half, und sie war mit großer Begeisterung ans Werk gegangen. Wir arbeiteten erst seit ein paar Monaten zusammen und sie hatte sich schon unentbehrlich gemacht. Sharon war dreiundzwanzig Jahre lang Lehrerin gewesen und hatte sich die Arbeit mit mir für ihren Ruhestand ausgesucht. Ich hatte damit gerechnet, dass sie vielleicht zehn bis zwölf Veranstaltungen in einem Monat gebucht bekäme, doch als sie mir die Früchte ihrer Arbeit vorlegte, standen im Januar dreiundzwanzig Konzerte und Vorträge im Kalender.

So begann der Marathon. Die informellen Abende waren ihre Erfindung gewesen und es gab ungefähr fünf davon in diesem Monat. In ihren Augen machte es keinen Sinn, einen Abend lang nichts zu tun und zu entspannen, wenn es doch Privatpersonen gab, die bereit waren, vierzig oder fünfzig Menschen für einen Vortrag zu sich nach Hause einzuladen. Es war relativ entspannt für mich, kein Stress mit Soundchecks und Kartenvorverkäufen, nur ein Raum voll von Leuten, die lernen wollten. Die Idee war wunderbar, doch an jenem Abend war ich erholungsbedürftig. Aber dafür war keine Zeit. Sharon hatte an jenem Sonntag drei verschiedene Termine in der Gegend um San Francisco gebucht, mit dem »Informellen Abend« als krönendem Abschluss. Am Morgen hatte ich in einem Gottesdienst einer afroamerikanischen Gemeinde in Oakland gesungen, was dem Tag ein kräftiges, energiereiches Gepräge gab. Dann hatte ich eine Stunde lang auf der Konferenz einer Radiomoderatorin gesprochen. Beide Veranstaltungen waren wunderbar gewesen und hatten mir Spaß gemacht, doch jetzt war mir mehr nach Schlaf zumute, als nach einem weiteren Vortrag.

Wir kamen eine Viertelstunde vor Beginn der Veranstaltung bei dem Haus an. Ich ziehe mich immer eine Weile zurück, bevor ich anfange zu reden, zum einen, um mich zu zentrieren, aber auch um herauszufinden, worüber ich sprechen werde. Ob es sich um eine große Konferenz oder einen von Sharons informellen Abenden handelt: Ich habe mir angewöhnt, nie weit vorauszuplanen. Meine Erfahrung hat gezeigt, dass die Veranstaltung umso besser zu laufen scheint, je weniger ich plane. Ich weiß nicht genau, warum das so ist, aber ich glaube, dass mehr Weisheit durchkommen kann, wenn ich möglichst aus dem Weg gehe. Damit will ich nicht sagen, dass ich channele (außer im höchsten Sinne dieses Begriffes), sondern vielmehr, dass ich mir nicht einbilde, entscheiden zu können, was ein Publikum braucht. Ich lasse es lieber von allein geschehen als dass ich einen Kurs festsetze.

Ich ging etwas abseits von dem Haus die Strasse auf und ab und beobachtete aus der Ferne, wie die Autos ankamen. Ein Nachteil an Sharons Idee ist, dass die meisten Privathäuser nicht für solche Ereignisse eingerichtet sind und zum Beispiel nicht über Umkleideräume verfügen. So kann man sich entscheiden, entweder still im Kinderzimmer zu meditieren oder spazieren zu gehen. Da ich kein Kind aus seinem Allerheiligsten vertreiben mag, auch nicht für fünf Minuten, erkunde ich meistens die Nachbarschaft.

Diesen Abend hatten meine Freunde Will und Grace organisiert. Sie hatten schon viele meiner Veranstaltungen in dieser Gegend unterstützt und ich wusste, dass sie eine Menge Leute zusammentrommeln würden. Als ich zurückkam, war das Haus voll und ich arbeitete mich nach vorne durch. Sharon stand an der Türe, hakte die Teilnehmerliste ab und sorgte für Ordnung. Sie lächelte mir zu und bedeutete mir mit den Augen, dass sie hier die Stellung halten würde, falls Leute zu spät kämen.

Da saß ich also vor ungefähr fünfzig Menschen in einem fremden Wohnzimmer und fing an. Ich kann mich unmöglich daran erinnern, worüber ich sprach und es ist auch nicht wichtig. Ich erinnere mich jedoch daran, dass der Mond aufging und durch das große Panoramafenster hinter mir in den Raum schien, was den Gesichtern einen überirdischen Glanz verlieh. Ich erinnere mich auch an das Gefühl, als ich in all die strahlenden Augen und offenen Gesichter blickte. Ich wusste, dass wir hier aus einem wichtigen Grund zusammengekommen waren, auch wenn keiner von uns ihn kannte. Es war einer jener seltenen Abende, an denen alles zu stimmen scheint und die Energie war außerordentlich stark.

Nach etwa einer Stunde machten wir eine Pause und ich ließ mich durch die Menge treiben, stellte mich Menschen vor, die ich noch nicht kannte und begrüßte meine Freunde. Alle Müdigkeit war vergessen. Ich wusste, dies war ein bedeutungsvoller Abend, auch wenn ich keine Ahnung hatte, wie sehr! Die Atmosphäre schien wie elektrisiert. Gegen Ende der Pause strömten die Menschen wieder in den Raum und ich kehrte zu meinem Platz vor der Gruppe zurück. Manche hatten es sich auf dem Boden direkt vor mir bequem gemacht, andere lagen in den riesigen Polstermöbeln, saßen auf Stühlen entlang der Wand oder standen in der Nähe der Tür. Sharon saß immer noch pflichtbewusst hinter ihrem Tischchen, obwohl jetzt kaum noch jemand kommen würde. Es war ein normaler Abend in Marin County. Solche Veranstaltungen sind hier, in diesem Mekka der sensitiven Spiritualität, nichts Ungewöhnliches.
In diesem Moment bemerkte ich ihn zum ersten Mal. Er saß auf dem Boden in der ersten Reihe, die Hände artig im Schoß gefaltet. Mich beschäftigte weniger die Tatsache, dass er vor der Pause dort nicht gesessen hatte, als dass er überhaupt dort war. Ich kannte die Leute, die rechts und links von ihm saßen und wusste, dass er nicht zu ihnen gehörte. Seine Eltern mussten also irgendwo im Raum sein, doch er wirkte sehr allein, wie er da so saß, ohne dass er sich unwohl zu fühlen schien. Er hörte aufmerksam zu, oder zumindest machte er den Eindruck. Er zappelte überhaupt nicht herum, wie Zehnjährige das oft tun. Sein dunkles Haar fiel ihm tief in die Stirn, sein Lächeln war breit und strahlend. Es schien im Laufe meiner

Rede überhaupt nicht nachzulassen. Seine Augen waren seltsam, sie passten gar nicht so recht zu ihm, sondern vielmehr zu einem – zu einem alten, weisen Einsiedler aus dem Himalaja. Sie waren tief und geheimnisvoll, doch er war letztendlich einfach nur ein Junge, wenn auch ein faszinierender.

Obwohl ich versuchte, es zu vermeiden, sprach ich doch nur noch zu ihm, als wäre sonst niemand im Raum. Ich ließ meinen Blick durch den Raum schweifen, doch am Ende landete ich immer wieder bei ihm. Irgendwie tat es mir gut, ihn anzusehen. Er war etwas merkwürdig gekleidet, im Vergleich zu den anderen. Sein Hemd war ungebügelt und seine Hosen waren etwas zu kurz. Dass er barfuß war, fiel nicht weiter auf, denn hier in Marin County zogen alle an der Türe die Schuhe aus. Irgendwie gab er der ganzen Situation etwas Surreales, als wäre sie nicht schon merkwürdig genug.

Schließlich war der Vortrag zu Ende und ich machte mich auf den Weg zur Tür. Ich wollte auf jeden Fall sicherstellen, dass ich mich von diesem Jungen verabschieden konnte und ihn fragen..., ja, was eigentlich? Ich wusste es nicht, aber es war auch nicht so wichtig, ich wollte ihm einfach noch einmal in die Augen schauen und möglichst herausfinden, warum er hergekommen war. Ich wollte auch wissen, wer seine Eltern seien, nicht dass es etwas ausgemacht hätte, aber es schien mir wichtig. Mein starkes Interesse an diesem Jungen, der zufällig bei einem meiner Vorträge in der ersten Reihe saß, war schon merkwürdig. Vielleicht spielte mir nur meine Phantasie einen Streich. Doch was, wenn mehr dahinter steckte? Wenn seine Augen wirklich eine tiefe, wahre Botschaft vermittelten, in einer Sprache, die normalen Augen fremd ist?

Es kamen Gäste auf mich zu und dankten mir für den Abend. Ich versuchte, ihnen zuzuhören, doch alles schien weit weg zu sein, wie das Echo eines vergessenen Traums. Ich dachte an nichts anderes, als daran, diesen Jungen zu finden, ohne zu ahnen, warum mir das so wichtig war.

»Hallo. Danke, dass ich heute Abend hier sein konnte.« Seine Stimme sprach mich von links an und wurde von einem leichten Klopfen auf meinen Unterarm begleitet. Ich drehte mich um. Da stand er und blickte mich mit diesen durchdringenden Augen

von unten an. Er sprach mit leichtem, osteuropäischem Akzent, vielleicht war er russischer oder slawischer Herkunft.
»Oh..., bitte schön«, antwortete ich etwas verdutzt über sein plötzliches Erscheinen. »Ich freue mich, dass es dir gefallen hat. Ich war überrascht, dass jemand in deinem Alter sich für so etwas interessiert.«
»Warum?« Er fragte das ganz unschuldig, als sei es unvorstellbar, dass sich jemand nicht für das interessierte, was ich zu sagen hatte. In diesem Augenblick wusste ich, dass ich hier zu Recht etwas Geheimnisvolles vermutet hatte. Ich sah mich um, ob von den Erwachsenen jemand in unsere Richtung schaute, um so vielleicht herauszufinden, wer seine Eltern waren. Niemand beachtete uns.
»Na ja«, sagte ich schließlich, »die meisten Jungen in deinem Alter interessieren sich mehr für Skateboards und Videospiele als für Vorträge über Spiritualität. Wie alt bist du denn, wenn ich fragen darf?«
»Ich bin zehn. Ich heiße Marco.«
»Danke, Marco. Das wäre meine nächste Frage gewesen.«
»Warum interessieren sich denn die meisten Kinder nicht für Gott?«
Seine direkte Frage entwaffnete mich abermals und ließ mir wenig Spielraum. Mir wurde plötzlich klar, dass ich hier nichts verwässern oder verniedlichen konnte. Das Thema schien ihm am Herzen zu liegen und er brauchte eine echte Antwort. Doch was konnte ich ihm sagen?
»Alle Kinder, die ich kenne, interessieren sich nämlich sehr dafür«, fuhr er fort. »Wir reden ständig über Gott, einfach weil es uns Spaß macht.«
»Wirklich,...das ist ja erstaunlich.« Das war eine lächerliche Erwiderung, aber mir fiel nichts Besseres ein. »Woher kommst du, Marco?«, fragte ich ihn und versuchte das Thema zu wechseln.
»Ich komme aus Bulgarien. Aber ich würde wirklich gerne wissen, was du über Kinder denkst, und warum nicht mehr Kinder hier sind.«
Da es offensichtlich kein Entrinnen gab, setzte ich mich hin, um auf Augenhöhe mit ihm zu sein.
»Wie du siehst, sind hier hauptsächlich Erwachsene. Ich weiß auch nicht genau warum, denn ich war als Kind ein bisschen so

wie du. Ich interessierte mich sehr für Gott. Aber ich war auch anders als die meisten meiner Freunde... Ich freue mich, dass es dir nicht so geht, denn du scheinst mit Kindern zu spielen, mit denen du mehr gemeinsam hast.«
»Ich meine nicht die Kinder, mit denen ich spiele«, sagte er in einem gewissen Ton, den ich immer noch nicht beschreiben kann. »Ich meine die Kinder, mit denen ich im Inneren rede, die zum Netzwerk gehören.«
»Meinst du das Internet? Redest du mit diesen Kindern per Computer?«
»Ich habe keinen Computer«, antwortete er. »Ich meine im Inneren, sie sind alle dort drinnen.«
Er sagte das auf eine Weise, die mich gleichzeitig faszinierte und ängstigte. Was meinte er wohl mit »im Inneren«? Was auch immer es war, für ihn schien es völlig normal zu sein und ich wollte ihn auf keinen Fall mit meiner Verblüffung verschrecken.
»Du redest also mit diesen Kindern in deiner inneren Welt? Das verstehe ich. Mit wie vielen Kindern redest du so?«
»Keine Ahnung«, meinte er. »Viele, glaube ich. Es wechselt, an einem Tag sind es mehr und an einem anderen Tag weniger. Manche Kinder hören auf damit, wenn sie älter werden und andere werden gezwungen, aufzuhören.«
»Was meinst du damit?« Ich bekam eine Gänsehaut.
»Manche Menschen wollen nicht, dass wir innen miteinander reden, wahrscheinlich, weil sie sich vor dem fürchten, was es bedeutet. Sie glauben, dass wir anderen Menschen Schaden zufügen könnten, aber das stimmt nicht. Wir tun es, um Menschen zu helfen, wie ein Club, der gute Dinge tut. Verstehst du, was ich meine?«
»Ich glaube schon«, log ich ihn an. »Aber erzähl mir mehr von den Menschen, die nicht wollen, dass ihr innen miteinander redet. Warum sollten sie...«
»Ich möchte wirklich nicht mehr darüber sagen«, unterbrach er mich. »Ich möchte dich lieber noch etwas fragen.«
»Na los«, ermutigte ich ihn.
»Kannst du in das Leben von anderen Menschen springen und Dinge über sie sehen?«
Ich war etwas vor den Kopf gestoßen. In Menschen hineinsehen? Ich begann zu überlegen, ob Marco mich an der Nase herum-

führte oder ob er vielleicht etwas verwirrt war. Ich versuchte, über meine Schulter den Blick einer suchenden Mutter aufzufangen, die mich retten könnte. Aber weit und breit schien sich niemand verantwortlich zu fühlen.

»Nein, Marco, ich kann nicht behaupten, dass ich das könnte. Was meinst du damit, in das Leben von anderen Menschen springen?«

»Manchmal, wenn ich unter Menschen bin, sehe ich innerlich lauter Bildschirme, und sie zeigen alle etwas anderes, wie unterschiedliche Sendungen, aber alle handeln von ein und derselben Person. Wenn ich will, kann ich in einen der Bildschirme hineinspringen und sehen, was immer ich will. Es ist ein bisschen, als ob man sich einen Film anschaut, nur dass es ein echter Film ist, über etwas, was mit dieser Person vor langer Zeit geschehen ist, manchmal sogar aus der Kindheit. Manche von den Kindern, mit denen ich im Inneren rede, können es auch, und ich wollte wissen, ob du es auch kannst.«

»Das hat mich noch niemand gefragt«, antwortete ich ihm. »Ich würde gerne noch etwas wissen. Wenn du das tust: In das Leben anderer Menschen springen – hältst du das, was du siehst, für Wirklichkeit oder könnte es auch einfach Einbildung sein?«

»Glaubst du mir etwa nicht?«

»Natürlich glaube ich dir.« Ich versuchte, meine Bedenken zu verbergen. »Was du mir da erzählst, ist nur ziemlich ungewöhnlich. Die wenigsten Menschen können so etwas.«

»Ich kann es dir zeigen, wenn du willst«, sagte er und meine Gänsehaut kehrte zurück.

»Wirklich? Jetzt? Na gut, dann zeig mal.«

Er schloss die Augen und einen Augenblick lang dachte ich, jetzt macht er mir wirklich etwas vor. Wahrscheinlich hatten seine Eltern ihn mit zu viel esoterischen Ideen voll gestopft und das hatte ihn verwirrt. Was tat er sonst an einem Sonntag Abend bei einem spirituellen Vortrag, wo er sich eigentlich auf den nächsten Schultag vorbereiten sollte?

»Ich sehe dich in einer Garage«, sagte er mit geschlossenen Augen und etwas Unheimliches wehte mich an. »Du weinst, weil dein Hund weg ist, er ist weggelaufen. Du warst den ganzen Tag in dieser Garage und wolltest nicht herauskommen. Ich glaube, du bist ungefähr so alt wie ich, vielleicht ein wenig älter. Jetzt kommt deine Mutter heraus und will dich zum Abendessen rufen, aber du...«

»Danke, das reicht.« Auf meiner Stirn entwickelten sich Schweißperlen. Er hatte mit allem Recht, was er gesehen hatte, und niemand außer mir wusste davon. Ich war zwölf Jahre alt gewesen und unser Hund war weggelaufen. Er hatte das schon oft getan und war immer zurückgekommen, doch irgendwie wusste ich, dass es diesmal für immer war, und ich behielt recht. Ich hatte den ganzen Tag in der Garage gesessen...

»Er hieß Hänsel, dein Hund.«

»Du hast Recht, Marco, er hieß Hänsel. Das war unglaublich korrekt. Du hast alles genauso erzählt, wie es geschehen ist.«

»Ich habe dir ja gesagt, ich sehe es wie einen Film.«

»Weißt du, warum du diese Gabe hast oder was du damit tun sollst?«

»Sie ist ein Teil des Netzwerkes, ein Teil dessen, was all diese Kinder tun. Jedes kann etwas anderes. Ich kann Dinge sehen, und manchmal kann ich Sachen mit meinen Gedanken bewegen.«

Mir war etwas unwohl, als ob alles einfach zu schnell ging. Über diese Dinge zwei Stunden lang einen Vortrag zu halten ist eine Sache, aber kurz danach einen kleinen Jungen aus Bulgarien vor sich zu haben, der es tatsächlich tut, daran musste ich mich erst gewöhnen. Inzwischen war ich völlig davon überzeugt, dass er mir nichts vormachte, umso mehr fragte ich mich, was es mit diesem »Netzwerk« auf sich hatte, von dem er sprach.

Und dann stellte er mir die Frage, die mein Leben veränderte.

»Möchtest du das auch können?«

»Entschuldige, was sagtest du eben, Marco?«

»Möchtest du die Bildschirme sehen, so wie ich? Ich kann sie dir geben, wenn du möchtest.«

Was antwortet man auf solch eine Frage? Die ganze Sache wurde immer verrückter und ich war kurz davor, meine Sachen zusammenzupacken und zu gehen. Aber was wäre, wenn er es ernst meinte und er mir wirklich vermitteln konnte, so zu sehen und die gleichen Dinge tun zu können, die ihm so selbstverständlich zu sein schienen? Ein Teil von mir wollte sich abwenden und einfach mit irgendjemandem ein Gespräch anfangen, aber ein anderer Teil von mir wusste, was ich antworten würde.

»Sicher möchte ich das. Kannst du machen, dass ich sie sehe?«
»Halte deinen Finger so.« Er streckte mir seinen linken Zeigefinger entgegen. Ich hielt meinen Finger hoch und er berührte ihn mit seinem. Das war alles.
»Das müsste reichen« , meinte er und sah mir mit einem strahlenden Lächeln direkt in die Augen.
»Das bewirkt, dass ich die Bildschirme sehe, so wie du?«
»Ich glaube schon. Ich habe das noch nie gemacht, wir werden einfach mal abwarten und schauen, was passiert.«
Zu diesem Zeitpunkt hatte ich völlig vergessen, dass ich mit einem Kind sprach und wollte nur so viel wie möglich aus ihm herausbekommen. »Aber wie werde ich es wissen? Wird es einfach von alleine passieren oder muss ich etwas tun?«
»Wir werden sehen«, sagte er noch einmal. »Erwachsene können es normalerweise nicht, aber das könnte sich jetzt geändert haben. Ich weiß nicht..., das Netzwerk ist sehr groß und hat für viele Platz.«
»Kannst du mir mehr über dieses Netzwerk erzählen«, fragte ich ihn gerade, als eine Frau mich am Arm packte und mir eine Frage über etwas stellte, was ich in meinem Vortrag erwähnt hatte.
»Ich muss Sie einfach etwas fragen«, bedrängte sie mich, völlig ungeachtet der Tatsache, dass ich gerade mit Marco sprach, mehr als sprach, ganz und gar beschäftigt war. Ich verdrängte diesen Gedanken jedoch und lächelte sie ermutigend an. »Als Sie den Boten in den bosnischen Bergen begegneten...« Ihre Frage war lang und umständlich.
Ich sprach ein paar Minuten lang mit der Frau und schaute mich dann wieder nach Marco um. Ich suchte im Wohnzimmer, in dem immer noch ein paar Leute umherstanden, und in der Küche, aber er war nirgends zu sehen. Ich entschloss mich, an der Eingangstür stehen zu bleiben und wartete dort in der Annahme, dass er vielleicht auf der Suche nach seinen Eltern war, die ich gerne kennen lernen wollte. Was für Leute hatten wohl ein Kind wie Marco? War ihnen bewusst, was für ein besonderes Kind sie da hatten? Ich stand lange an der Tür und verabschiedete jeden, der ging, aber Marco tauchte nicht auf. Er war wohl gegangen, während ich mit der Frau sprach, dachte ich mir. Jetzt würde ich niemals herausfinden können, wer er war oder wo ich ihn wieder finden könnte.
Kurze Zeit später saßen Sharon und ich im Auto auf unserem Weg

zum Hotel. Ich schwieg lange Zeit, als ob ich so besser begreifen könnte, was meiner Seele da gerade widerfahren war. Aber was war denn eigentlich geschehen? Nichts außer einem eindrucksvollen medialen Trick. Er hatte meinen Finger berührt und nichts war passiert. Hätte etwas geschehen sollen? Das konnte ich nicht wissen, da ich ja auch keine Ahnung hatte, was er da eigentlich tat. Zu guter Letzt entschied ich mich, das Ganze unter »Begegnungen mit seltsamen Kindern« abzulegen und fing an, mich zu entspannen. Falls ich Marco je wieder begegnen sollte, würde ich mehr erfahren. Und wenn nicht – nun, dann ist zumindest kein Schaden entstanden.

»Ich wollte dich etwas fragen«, wandte ich mich an Sharon, die uns auf der Route 101 gen Norden steuerte. »Hattest du Gelegenheit, mit diesem Jungen zu reden? Er heißt Marco und wir hatten eine bemerkenswerte Unterhaltung miteinander.«

Ihre Antwort tönt immer noch wie ein ständiges Echo durch mein Gehirn. »Welcher Junge? Da war kein Junge, jedenfalls habe ich keinen gesehen und ich habe jeden der Zuhörer begrüßt.«

»Was willst du damit sagen?«, erwiderte ich etwas schroffer als beabsichtigt. »Natürlich war er da, ich habe mich mindestens zehn Minuten lang mit ihm unterhalten. Und er hat mir Sachen erzählt, die, na ja, gelinde gesagt erstaunlich waren. Und dann hat er mich berührt. Willst du wirklich behaupten, du hättest den ganzen Abend lang keinen Jungen gesehen?«

» Es waren nur etwa fünfzig Gäste dort, ein Junge wäre wohl schwer zu übersehen gewesen. Ich habe jedenfalls den ganzen Abend lang kein Kind gesehen.«

Ich sagte erst einmal nichts mehr. Sharon hatte ihn nicht gesehen. Wie war das möglich? Ich habe mich da mitten im Wohnzimmer lange mit ihm unterhalten, jedem muss das aufgefallen sein.

Aber niemand hatte uns gesehen. Am nächsten Tag fragte ich mindestens drei Leute, ob sie sich an Marco erinnerten, die Antwort blieb immer die gleiche: »Ich habe an dem Abend überhaupt keine Kinder gesehen.« Aber ich wusste, dass er da gewesen war, selbst wenn ich der Einzige war, der ihn gesehen hatte.

Drei Tage später bog sich der Löffel in meiner Hand.

Ein ganzer Tag war verstrichen, seit ich meine neue »Begabung« entdeckt hatte, und in diesem Zeitraum schaffte ich es, meine

Mitbewohner und Mitarbeiter vollständig zu verwirren, zu verblüffen und letztendlich zu nerven. Es ist seltsam, wie schnell eine so ungewöhnliche Begabung wie das Löffelbiegen alltäglich wird. Die ersten fünf Mal ist es ein Wunder, zwanzig Versuche später erscheint es wie eine Art Fluch. Mir wurde völlig berechtigterweise aufgetragen, das ganze, nutzlos gewordene Besteck, von dem sich zu diesem Zeitpunkt ein beträchtlicher Stapel angesammelt hatte, zu ersetzen. Mir fiel auch so ein gewisser Blick in den Augen der anderen auf, wenn sie mich in der Nähe der Besteckschublade bemerkten. Wenn sie das Glück hatten, mich zu sehen bevor ich sie entdeckte, kehrten sie schnell um, als hätten sie etwas im Büro oder im Nebenraum vergessen. Als hätte ich eine ansteckende Krankheit.
Doch ich hatte erst die Spitze des Eisbergs entdeckt. Unter Wasser wartete immer noch so viel Leben darauf, an die Oberfläche zu kommen und atmen zu dürfen. Es kam so weit, dass in unserem Haus kaum noch etwas erledigt werden konnte. Ich war wie besessen davon, herauszufinden, was außer Löffelbiegen sonst noch möglich war und wo die Grenzen meiner neuen Fähigkeiten lagen. Ich stellte Versuchsreihen auf, und wer auch immer in der Nähe war, wurde eingespannt. Ich stellte schnell fest, dass ich die Fähigkeit entwickelte, Gedanken zu lesen, doch nur zu einem gewissen Grad. Ich experimentierte auch damit, Gedanken zu senden und hatte damit genauso bemerkenswerte Erfolge.
Das Haus, in dem ich lebte und arbeitete, hatten wir Casa de Paz (Haus des Friedens) genannt. Es brummte Tag und Nacht vor Geschäftigkeit. Es war in unserer kleinen Gemeinschaft aus fünf Personen nicht leicht, sich zurückzuziehen und in Ruhe nachzudenken. Sharon lebte in einem Wohnwagen auf der Auffahrt (das war eine weitere Sehnsucht, die sie sich in ihrem Ruhestand erfüllt hatte), Joanne und Drayton lebten zusammen in einem großen Zimmer und Stephanie hatte nach hinten raus ein Zimmer neben meinem. Es war eines der größten und schönsten Häuser in dem winzigen Städtchen Joshua Tree, das in der kalifornischen Wüste an der Grenze zu einem Nationalpark liegt, eine dreiviertel Stunde von Palm Springs entfernt.
Ich war vor anderthalb Jahren hierher gezogen, vor allem wegen meiner Freundschaft zu Joanne, und wir hatten ein kleines Unternehmen aufgezogen. Überall auf der Welt hatten mich

Leute gebeten, einen Internet-Kurs anzubieten, zur Vertiefung der Lektionen, die ich von den Boten des Lichts in den bosnischen Bergen gelernt hatte. Wir nannten es »The Beloved Community« (deutsch: »Die geliebte Gemeinschaft« und auch »Die Gemeinschaft der Geliebten«). Zu dem Zeitpunkt, als ich Marco begegnete, waren bereits mehr als sechshundert Menschen darin involviert. Es war für alle in unserem Haus zu einer Vollzeitbeschäftigung geworden, weswegen meine »Experimente« nur kurzzeitig Interesse fanden.

Es fällt mir nicht leicht, mich an jene ersten Tage zu erinnern, obwohl ich dieses Buch nur wenige Monate später schreibe. Ich fühlte mich, als wäre ich in einen Ozean gefallen, den ich nie zuvor bemerkt hatte. Dieser Ozean war größer, reiner und wunderbarer als alles, was ich je erfahren hatte. Ich hatte nichts anderes im Sinn, als diese neue Region zu erkunden und nach ihren Schätzen zu forschen. Jeder meiner Versuche schien die Gabe nur noch tiefer in meine Seele zu senken. War es dies, was Marco mit mir vorgehabt hatte? Er hatte es ja noch nie weitergegeben, und doch hatte er einfach nur meinen Finger berührt. Er wusste nicht, ob es funktionieren würde. Es funktionierte offensichtlich. Der Mülleimer voller Löffel war der Beweis. Und ich spürte, da war noch viel mehr möglich. Ich hatte keine Ahnung, wo es enden würde.

Ich war wie besessen davon, diesen Jungen wiederzufinden. Ich rief alle Leute an, die ich in der Gegend kannte, besonders diejenigen, die an jenem Abend anwesend gewesen waren, aber niemand hatte Marco auch nur gesehen. Keiner hatte etwas von einem bulgarischen Jungen gehört. Aber was wussten die schon? Ich hatte mir Marco nicht eingebildet. Er war ein Junge aus Fleisch und Blut, dem ich begegnet war und den ich berührt hatte. Wir hatten mitten zwischen all den Leuten mindestens zehn Minuten lang miteinander geredet. Entweder waren alle außer mir blind oder etwas Unerklärliches war geschehen.

Allerdings wollte ich es auch gar nicht erklären. Es machte mir zu viel Spaß, die Art von Spaß, die ich zuletzt in der Schule gehabt hatte, als ich meinen Freunden Zaubertricks vorführte. Es war dieses besondere Gefühl, etwas zu können, was kein anderer kann, oder was alle für unmöglich halten. Der Unterschied war, dass es damals Tricks gewesen waren, und diesmal war es echt. Wenn

ich gewollt hätte, hätte ich damals in der Schule jederzeit die erste Zauberregel brechen und allen den Trick verraten können. Diesmal konnte ich es jedoch niemandem erklären, selbst wenn ich es gewollt hätte. Ich hatte nichts im Ärmel und keine weiße Taube unter der Jacke. Dies hier war jenseits von Tricks und Zauberei, es war sehr, sehr wirklich.
Sharon war mein liebstes Versuchskaninchen, wie ich sie scherzhaft nannte. Eines Tages setzte ich sie mit einem Stapel Karteikarten und einem Stift mir gegenüber. Vor mir lagen ebenfalls Karten und ein Stift. Ich wollte ihr eine Reihe zufälliger Fragen stellen, deren Antwort sie aufschreiben sollte.
»Schreib den Namen deines ersten Hundes oder Haustieres auf, das du als Kind hattest«, fing ich an. Sie konzentrierte sich einen Augenblick lang und schrieb dann etwas auf, bevor sie die Karte umgekehrt auf den Tisch legte. Ich öffnete meinen Geist und wartete auf ein Bild. Zuerst passierte gar nichts, doch dann spürte ich etwas, als ob ich die Anwesenheit eines kleinen Hundes wahrnahm, der zu mir hochschaute. Ich schloss die Augen und konzentrierte mich auf das Gefühl. Dann sah ich, falls »sehen« hier das richtige Wort ist, einen struppigen Terrier mit großen Augen, als ob ich bei ihm unter dem Küchentisch säße, wo er hechelnd darauf hoffte, dass aus Versehen etwas herabfallen würde. Ich schaute den Hund innerlich an und fragte ihn nach seinem Namen. Ich würde gerne sagen, dass der Hund zu mir sprach, so wie in der Werbung Hunde und Katzen manchmal die Schnauze scheinbar sprechend bewegen, doch es wäre gelogen. Ein Name begann, sich in meinem Geist zu bilden, als würde ein Flugzeug Buchstaben in den Himmel schreiben, langsam, einen nach dem anderen. Ich wartete, bis alle Buchstaben sich geformt hatten und schrieb dann den Namen »Buffy« auf die Karte.

Ich wiederholte das Experiment noch dreimal mit verschiedenen Fragen. Ich bat sie um die Hausnummer des Hauses ihrer Kindheit, den Titel ihres Lieblingsbuches und den Anfang ihres Lieblingsliedes. Ich ging genauso vor wie beim ersten Mal, ließ sie die Antwort aufschreiben und konzentrierte mich dann darauf, die gleiche Antwort auf meiner Karte zu notieren. Es schien jedes Mal einfacher zu werden, doch erst am Ende würde sich herausstellen, wie zutreffend meine Bemühungen waren.

»Jetzt schreibe bitte noch den Namen der Stadt auf, in der du geboren bist.« Sie dachte einen Augenblick lang nach und schrieb dann etwas auf, bevor sie die Karte zu den anderen umgedreht auf den Tisch legte.
Ich verspürte einen leichten Druck auf den Schläfen, als ich mich wieder zu konzentrieren begann. Sharon hielt den Namen der Stadt in ihrem Geist und ich warf meine Angel aus und versuchte ihn zu fangen. Wieder sah ich das Flugzeug Buchstaben an den Himmel schreiben, doch mit jedem Buchstaben nahm der Druck zu, bis er zu einem dumpfen Schmerz wurde. Ich versuchte, ihn zu ignorieren und mit meiner Aufmerksamkeit bei den Buchstaben zu bleiben. Es fehlten nur noch ein paar, als in meinen Schläfen ein glühender Schmerz zu pochen begann und die Welt in einem grauen Nebel verschwand. Dann sah ich das Wort, VERNONIA. Ich schrieb es nieder und brach in meinem Stuhl zusammen.
»Was ist los?«, fragte Sharon
»Ich habe plötzlich die schlimmsten Kopfschmerzen meines Lebens, als ob mir ein D-Zug über den Schädel gedonnert wäre.«
»Hattest du sie schon vor unserem Experiment oder sind sie dadurch entstanden?«
»Keine Ahnung..., ich meine, nein, sie waren vorher nicht da. Mir ging es gut, als wir anfingen. Glaubst du, es gibt da eine Verbindung, dass das, was ich hier tue, mir diese...« Ich wollte es nicht aussprechen, ich wollte es noch nicht einmal denken. »Es liegt vielleicht einfach an der Hitze, du kennst das ja, die Wüste.«
»James, es ist erst Februar.« Sharon legte mir die Hand auf die Stirn, um zu sehen, ob ich fieberte. »Vielleicht solltest du eine Weile Pause machen mit diesen Experimenten. Du hast es doch schon bewiesen, dass du...«
»Ich kann nicht aufhören.« Ich schrie sie fast an und sprang auf. »Es lässt mich nicht. Irgendetwas in mir drängt mich, zu sehen, wie weit ich es treiben kann, wie kraftvoll diese »Gabe« ist. Ich weiß nicht warum, aber ich muss weitermachen, selbst wenn es mir den Schädel spaltet.«
»Vielleicht wird es das«, meinte Sharon. »Vielleicht wird es genau das tun. Du weißt schließlich nicht, warum dies alles geschieht oder worum es hier geht. Marco hat etwas getan, oder in dir ausgelöst, das glaube ich auch. Aber du weißt nicht, warum er

das getan hat. Du bist inzwischen von dieser Sache so besessen, dass dir nichts anderes mehr wichtig ist. Deine kleine Internetschule leidet darunter, deine Freunde machen sich Sorgen um dich, und dir geht es nur darum, Löffel zu verbiegen und Gedanken zu lesen.«
»Da wir schon davon reden: Lass uns mal die Karten umdrehen und sehen, wie ich abgeschnitten habe.« Die Ergebnisse waren verblüffend. Vier von fünf Fragen hatte ich genau beantwortet und die fünfte nach ihrem Lieblingsbuch war nur knapp daneben. Ich wusste nicht, was das bewies, denn der Schmerz in meinem Kopf war immer noch schneidend wie ein Messer, aber meine Fähigkeiten entwickelten sich offensichtlich und das war mir in diesem Moment das Allerwichtigste.
Es gibt Türen in uns, an deren Geschlossensein wir so gewöhnt sind, dass ihr Quietschen, wenn sie sich endlich öffnen, zum Steinerweichen ist. Durch mangelnden Gebrauch und Vernachlässigung sind bestimmte Bereiche unseres Geistes derart eingerostet, dass wir meinen, das Kreischen der rostigen Angeln kaum ertragen zu können. Doch die Tür muss geöffnet werden, zur Not kreischend, denn wir kommen auf unserem Weg nicht weiter, wenn wir nicht jeden Raum in dem großen Haus durchsucht haben. Vielleicht aus Furcht vor dem, was wir finden könnten oder aus Angst vor mehr Macht, als uns lieb wäre, halten wir die Türen fest verriegelt. So bleibt unser Haus kalt und leer, niemand kommt zu Besuch, bis schließlich ein Wirbelsturm das ganze Haus erschüttert und die Türen aufspringen lässt. Alles kommt ans Licht, alle Illusionen über das, was ist und was nicht ist, haben ein Ende. Das ist etwas Gutes, doch der damit verbundene Lärm kann markerschütternd sein.
Ich versuchte weiter, wie ein Besessener, die Grenzen meiner Gabe zu erkunden und meine Kopfschmerzen hielten an. Wenn ich nur wenig tat, nur ein paar Löffel verbog oder es bei einem Versuch pro Tag beließ, dann war der Schmerz erträglich und ich konnte mich den wichtigeren Dingen meines Alltags zuwenden. Aber es ging mir wie einem Alkoholiker in einer Brauerei, ich war unfähig, dem mächtigen Strömen in meinem Geist Einhalt zu gebieten. *Nur noch ein Experiment, nur noch ein Stück Metall, dann höre ich auf.* Aber ich tat es nicht. Um die Mittagszeit pochte mir der Kopf so sehr, dass ich mich kaum noch bewegen konnte. Das

war das Einzige, was mich pausieren ließ. *Ruhe, bis der Schmerz wieder erträglich wird, dann weiter. Immer weiter drängen, bis du die Wahrheit erkennst, bis du weißt, worum es bei dieser Gabe wirklich geht.* Langsam wurde es jedoch zu viel, und ich war nicht sicher, wie weit ich mich noch treiben konnte.

Was hatte dieser Junge, den keiner gesehen hatte, mit mir gemacht? Mir war, als hätte er einen Samen in meinen Kopf gepflanzt, der immer stärker wuchs, je mehr ich meine Gabe entwickelte. Wieviel Platz blieb noch in meinem Kopf? Würde der Same weiterwachsen, bis er meinen ganzen Kopf erfüllte, ohne Raum für meine eigenen Gedanken zu lassen? Was, wenn er gar kein kleiner Junge war, sondern etwas viel Dunkleres, Furchtbareres? Wenn ich nur mit diesen Versuchen aufhören könnte, mit diesem Weiterdrängen, um, was auch immer, herauszufinden. Ich wusste noch nicht einmal, wonach ich suchte, ich wusste nur, dass ich mich nicht mehr unter Kontrolle hatte. Ob ich wollte oder nicht, ich würde erst aufhören, wenn... wenn Es geschah. Ich hatte keine Ahnung, was Es war, aber ich wusste, dass es da war und auf mich wartete.

Ich war in einen tiefen Brunnen gefallen und niemand konnte mich herausholen. Eine Woche nachdem die ganze Sache angefangen hatte, war ich in meinem Zimmer und verbogene Löffel lagen überall auf meinem Bett verstreut. Im Rückblick erscheint es mir erstaunlich, dass meine Freunde mich nicht einlieferten. Vielleicht fürchteten sie sich vor dem, was sich in mir entwickelte, oder vor dem, was ich tun würde, wenn man mich aufzuhalten versuchte. Ihre Besorgnis entging selbst mir nicht, und sie bedachten mich mit langen, strengen Blicken, wenn ich sie für eines meiner Experimente gewinnen wollte. Selbst Sharon, die mich bislang am meisten unterstützt hatte, widersetzte sich mir. Doch zu jenem Zeitpunkt kam es schon nicht mehr darauf an. Ich wurde langsam zu einem anderen Menschen, einem Fremden, ich konnte es nicht aufhalten, und ich wollte es auch gar nicht.

Nach etwa zwei Wochen standen zwei Vorträge in meinem Terminkalender, einer in Palm Springs und einer in Anchorage in Alaska. Es war an der Zeit, aus meiner Höhle zu kriechen. Ich hatte Leute gekannt, die manisch-depressiv waren, und einmal war ich dabei, als einer gerade einen Schub hatte. Es war schrecklich gewesen und ich begann mich zu fragen, ob sich die Menschen um mich herum ähnlich fühlten. Es wäre leichter gewesen, das Ganze als psychische Störung abzuhaken, doch es war eigentlich genau das Gegenteil. Etwas war wieder in Ordnung gekommen, ich hatte nur ein Problem mit der Umstellung. Ich dachte mir, dass die Vorträge eine gute Gelegenheit seien, die »Gabe« vor einem Publikum auszuprobieren. Alle meine Freunde waren absolut dagegen, doch ich steckte schon viel zu tief in dieser Sache, als dass ich noch auf sie gehört hätte. *Warum nicht damit an die Öffentlichkeit gehen? Den Leuten zeigen, zu was sie fähig sind, ihnen die Wunder vorführen, die ich drauf habe.* Meine Entscheidung war gefallen und ich schlug einen Kurs ein, in unbekannte Gewässer.

Ich hatte schon mehrfach Vorträge auf der Prophet's Conference gehalten. Es war eine riesige Versammlung von Leuten, die sich für alles Mögliche interessierten, von der Kraft des Gebets bis zu UFOs. Diesmal wurde sie ganz in meiner Nähe abgehalten, was mir sehr entgegen kam, denn ich war nicht wirklich reisefähig. Selbst mir war das klar. Die Kopfschmerzen waren zu einem Dauerzustand geworden und ich wollte mir gar nicht vorstellen, wie sich mein Kopf in zehntausend Meter Höhe in einem Flugzeug anfühlen würde. Joanne meinte, ich könnte ja notfalls das Flugzeug zur Landung zwingen, wenn es zu schlimm würde. Das sollte natürlich ein Witz sein, aber ich dachte ernsthaft darüber nach. Palm Springs war jedoch nur eine kurze Autofahrt entfernt, das würde ich bestimmt schaffen. Es würden tausend Menschen dort sein, die perfekte Gelegenheit für mein »Coming out«.

Die Konferenz war in vollem Gange, als ich dort mit pochendem Schädel ankam. Mein Körper musste sich erst daran gewöhnen, nicht mehr zu Hause zu sein. Ich hatte nicht gewusst, dass es mir so schwer fallen würde, wieder unter Menschen zu gehen. Ich hielt mich abseits, damit mich niemand erkennen würde. Irgendetwas war überhaupt nicht in Ordnung mit mir, ich ahnte es, doch die Versuchung, Marcos »Gabe« vorzuführen, war einfach zu stark. Irgendwo in meinem Kopf gab es noch die Stimme der Vernunft, ab und zu konnte ich sie auch von den anderen dröhnenden Klängen unterscheiden, doch meist war sie nur ein fernes Echo, das in all dem Lärm unterging. Diese Klänge türmten sich über mir auf wie haushohe Wellen, die meinen Körper unter sich begruben. Ich versuchte immer wieder, ihnen zu widerstehen, aber sie hatten mich fest im Griff.

Gib nach...lass dir die Wunder der übersinnlichen Kräfte zeigen. Warum kämpfst du gegen etwas an, von dem du weißt, dass es stärker ist als du? Hör nicht auf die anderen..., sie haben ja keine Ahnung, was dies bedeutet oder wozu du fähig bist. Wie könnten sie auch, wenn sie noch nie, so wie du, vom Hauch des Schicksals angeweht wurden? Sie können es nicht verstehen, wie sehr sie sich auch bemühen mögen. Lauf weg..., tu, wonach dir zumute ist. Am Ende wirst du derjenige sein, der die Kraft hat, du wirst es sein, der gewinnt.

Ich ging auf mein Zimmer und legte mich auf das Bett, in der Hoffnung, dass der bereits kaum noch erträgliche Kopfschmerz nachlassen würde. Ich hatte an diesem Tag auf alle Experimente verzichtet, um meine Kräfte für die Konferenz aufzusparen, doch die Tage zuvor hatte ich mich dermaßen angetrieben, dass selbst größere Mengen Aspirin dem Schmerz nicht Herr wurden. Auch eine Verdunkelung des Zimmers brachte keine Erleichterung. Schließlich dämmerte ich ein, so war der Schmerz zumindest für eine Weile verschwunden.

(Traum) Alle Leute hatten das Haus verlassen und ich war allein. Ich hatte mich seit Wochen auf diesen Vortrag in Sausalito gefreut, doch er war eine Katastrophe gewesen. »Warum habe ich diese Dinge ausgesprochen?«, murmelte ich immer wieder vor mich hin. »Warum habe ich es immer weiter getrieben, immer weiter, bis sie anfingen, mich zu hassen?« Ich hatte nur eine blasse Erinnerung an das, was ich getan hatte, doch das spielte kaum eine Rolle. Ich war nur damit beschäftigt, dass alle gegangen waren und ich nun allein mitten im Wohnzimmer stand und mich wunderte.

Es stand ein wunderschön angerichteter Tisch voller Getränke und kleiner Leckereien da, der völlig unberührt schien. Ich musste noch vor der Pause etwas Schreckliches gesagt haben. Ich ging hin, goss mir einen Becher Kaffee ein und suchte nach dem Zucker. Er stand neben einem Spinatsalat, dessen Schüssel noch von außen beschlagen war. Er konnte also noch nicht lange da stehen, wahrscheinlich war er dorthin gestellt worden, kurz bevor ich den Raum leergefegt hatte ...Gott weiß, was ich gesagt oder getan habe. Ich suchte nach den Löffeln und fand sie hinter einer Schale Chips, aber sie waren nicht in Ordnung. Sie standen in einem großen Plastikbecher, und jeder einzelne war bis zur Entstellung verdreht und verbogen. Sie waren unbenutzbar. Ich rührte schließlich meinen Kaffee mit einem Stift um, der daneben lag. Nichts war so, wie es sein sollte.

Ich wanderte durch das Haus in der Hoffnung, jemanden zu finden, der vielleicht noch geblieben war. Vielleicht war jemand gerade auf der Toilette, als das Unheil zuschlug, und würde gleich herauskommen und sich wundern. Die Person würde mich berechtigterweise anschauen, als ob ich erklären sollte, was geschehen war, aber ich konnte es nicht. Dann würde sie sich ihren Mantel schnappen und gehen, genauso wie alle anderen. Sie würde annehmen, dass ich etwas Furchtbares getan haben muss, das alle in die Flucht geschlagen hat. Ich hatte irgendetwas Schreckliches getan. Das Haus war still wie ein Grab. Selbst ich versuchte, möglichst kein Geräusch zu verursachen.

Dann hörte ich, dass jemand die Kellertreppe emporstieg. Es schienen leichte Schritte zu sein, die irgendwie merkwürdig klangen. Ich stellte mich hinter die Küchentür und wartete ab, wer sich zeigen würde. Die Schritte klangen so langsam und bedächtig. Dieser Mensch hatte keine Eile und war ganz offensichtlich nicht im Begriff, aus dem Haus zu stürzen. Den Schritten nach war die Person fast oben angekommen, als ich um die Ecke lugte. Ich sah zunächst nur einen Hinterkopf, den Hinterkopf eines Jungen. Er drehte sich langsam um. Es war Marco.

Jetzt erinnerte ich mich wieder, nicht an das Schreckliche, was alle vertrieben hatte, sondern an die ganze Geschichte mit Marco. Ich erinnerte mich daran, dass ich ihm in genau diesem Raum zum ersten Mal begegnet war, mit ihm gesprochen hatte und er mir all die merkwürdigen Geschichten erzählt hatte, Dinge, die man von keinem Zehnjährigen erwarten würde. Er hatte gesagt, dass er wundersame Dinge tun könne, zum Beispiel in das Leben anderer Menschen schauen, und ich hatte ihm erst nicht geglaubt. Doch dann hatte er meinen Finger berührt und ein paar Tage später stand meine Welt auf dem Kopf. Und hier stand er vor mir, mit kindlichem Lächeln, als wäre nichts geschehen.

»Hi«, sagte er von der obersten Stufe aus.

»Selber Hi«, erwiderte ich.

»Bist du mir böse?« Sein Gesicht zeigte plötzlich einen schmerzlichen Ausdruck, wie bei einem Kind, das etwas verkehrt gemacht hat und befürchtet, bestraft zu werden.

»Nein, ich bin dir nicht böse«, sagte ich. »Ich bin nur ziemlich durcheinander.«
»Warum bist du durcheinander?«

Wir verließen die Küche und ich setzte mich ihm gegenüber auf einen Sessel. Wieder schauten wir uns in die Augen. »Naja, ich begegne dir, geh' nach Hause und die Hölle bricht los. Das Problem dabei ist, dass es mir gefällt, auch wenn es mein Leben in Stücke sprengt. Ich kann es jetzt ohnehin nicht mehr aufhalten, egal wie es mir damit geht. Um mich herum verbiegen sich die Löffel, ich kann jedermanns Gedanken lesen und das Leben ist plötzlich ein einziges Chaos. Ich dachte früher, dass so etwas wunderbar sein müsse, dass es den Geist befreien würde. Doch es ist nicht so. Wenn es so weiter -geht, zerstöre ich mich wahrscheinlich selbst.«
»Aber warum ist das mein Fehler?«
»Weil du es mir verliehen hast. Du hast meinen Finger berührt, und obwohl ich in dem Augenblick nichts gespürt habe, ging es ein paar Tage später los, BUMM.«
»Ich dachte nicht, dass es so stark sein würde«, sagte er und schaute mich mitfühlend an. »Ich wollte dich nur genauso sehen lassen, wie ich sehe. Das war alles.«
»Na, das hat geklappt, aber ich glaube, ich brauche noch etwas. Wie kannst du die Gabe kontrollieren? Ich begreife es nicht, es ist, als ob ich nach diesem Gefühl süchtig sei. Ich liebe es – versteh mich nicht falsch – aber es zerstört meinen Kopf. Fühlt sich dein Kopf auch an, als ob er gleich explodiert, wenn du diese Dinge tust?«
»Nein.«
»Meiner schon, und jetzt hört der Kopfschmerz überhaupt nicht mehr auf. Ich glaube, ich werde verrückt. Du musst mir helfen, Marco. Ich weiß nicht wie, aber du musst etwas tun. Vielleicht kannst du meinen Finger noch einmal berühren und es alles wieder verschwinden lassen.«
Ich konnte nicht glauben, dass ich das gerade gesagt hatte. Die Gabe loszuwerden war das Letzte, was ich wollte. Ich wollte sie weiter entwickeln, sehen, wie weit sie sich treiben ließ, wer weiß, wo sie hinführen würde. Vielleicht würde ich zu einem großen Heiler werden, wie Jesus, oder sogar mehr. Vielleicht gab es keine Grenze dessen, zu was ich fähig war, wenn nur...
»Willst du wissen, warum du solche Schmerzen hast?«, fragte Marco.

Ich nickte. »Du verwendest die Gabe verkehrt, völlig verkehrt. Du denkst, es geht bei der Gabe um übersinnliche Fähigkeiten, doch das stimmt nicht. Es geht bei der Gabe um Liebe. Diese anderen Dinge tauchen sozusagen nur nebenbei auf, aber sie sind nicht wirklich wichtig. Wichtig ist, dass du lernst Menschen zu lieben, und dann wirst du die Gabe verwenden können, um Gutes zu tun und nicht nur um andere zu beeindrucken.«

»Ich versuche gar nicht, jemanden zu beeindrucken.« Er wusste, dass ich log, ich sah es in seinen Augen. Ich verstand, was er sagte, und dass er Recht hatte. Wie war ich in dieses ganze Drama von verbogenen Löffeln und Gedankenlesen reingerutscht? Ich wollte sehen, wie weit ich die Gabe treiben konnte, damit die Leute sagen würden: »Schau mal, da geht dieser Typ mit den unglaublichen Kräften, komm ihm besser nicht zu nahe, sonst verwandelt er dich in eine Kröte.« Mir gefiel dieses Gefühl, diese Macht. Sie würde mir Achtung verschaffen, die Menschen würden mich fürchten. Doch wie weit ich es auch treiben würde, es hatte nichts mit Liebe zu tun – und ich wusste es.

»Du musst dich fragen, was du wirklich willst«, sagte Marco. »Willst du außergewöhnliche Dinge tun, die ziemlich cool wirken? Oder gibt es etwas darüber hinaus? Die Gabe gibt dir, was du willst, aber du wirst auch die Auswirkungen dessen zu spüren bekommen, worum du bittest. Wenn du sie nur dafür verwendest, andere zu beeindrucken, dann wirst du dich hinterher schlecht fühlen. Aber wenn du damit Menschen hilfst, wirst du auch das spüren.«

»Wie kann ich damit Menschen helfen?«, fragte ich ihn.

»Wenn du dich dafür entscheidest, wird die Gabe dir schon zeigen, wie.«

»Sind diese übersinnlichen Kräfte schlecht? Meinst du, ich sollte sie nicht verwenden?«

»Nein, ich mag sie auch gern, aber sie sind nicht das Ziel. Das Ziel ist die Liebe und manchmal kannst du die Gabe dazu verwenden, diesem Ziel näher zu kommen. Doch wenn du die Kräfte missbrauchst, dann spürst du keine Liebe, sondern etwas viel Dunkleres.«

»Wie die Kopfschmerzen.«

»Die Kopfschmerzen sind erst der Anfang«, sagte er in ernstem Ton. »Wenn du die Gabe verwendest, um mächtig zu werden, kommen große Probleme auf dich zu. Du musst dich entscheiden, was du willst, dann kannst du es dir von der Gabe geben lassen.«

»Warum hast du sie mir überhaupt verliehen?«, wollte ich wissen.

»Das wirst du noch herausfinden, im Moment kann ich es dir nicht sagen.«
»Warum nicht?«
»Weil es noch nicht die Zeit dafür ist. Aber du musst dich entscheiden, sonst wird gar nichts davon geschehen. Ich kann dir jetzt nur sagen, dass wir eine Botschaft für die Menschen haben. Die musst du finden und an die Menschen weitergeben.«
»Wer ist ›wir‹? Gibt es noch mehr Menschen, die so etwas können?«
»Ja, es gibt noch viele und es handelt sich um Kinder. Man hat uns ›die Kinder von Oz‹ genannt und wir haben eine Botschaft, die den Menschen helfen kann. Deswegen habe ich dir die Gabe verliehen.«

Jemand klopfte an der Tür und ich setzte mich im Bett auf. Ich spürte, dass ich gerade etwas geträumt hatte, an das ich mich erinnern musste. Doch der Traum entschwand mir so schnell, dass ich ihn nicht zu fassen bekam. Ich stand auf und ging zur Tür.
»Joanne, komm rein, was machst du denn hier?«
»Ich bin gekommen, um deinem Vortrag zuzuhören, du Dummerchen.« Sie spazierte ins Zimmer und setzte sich auf das Bett. »Also, was wirst du tun? Einfach reden und singen?«
Ich wusste, wonach sie eigentlich fragte. Sie wollte wissen, ob ich der Menge irgendwelche von meinen Tricks vorzuführen gedachte. Ich hatte das eigentlich vorgehabt, doch ohne ersichtlichen Grund war mir plötzlich nicht mehr danach, als wäre es nicht mehr so wichtig.

»Nein, ich meine – ja, ich werde einfach reden und singen. Keine aufregenden Dinge heute Abend. Meine Kopfschmerzen bringen mich sowieso fast um den Verstand.«
»Gut«, sagte sie und stand vom Bett auf. »Ich meine, gut, dass du nichts von diesen beängstigenden Geschichten vorhast, nicht dass du Kopfschmerzen hast.«
Und das war alles. Irgendetwas hatte sich verändert, während ich schlief. Da war etwas mit diesem Traum, aber ich konnte mich einfach nicht daran erinnern. Es sollte noch eine ganze Weile dauern, bis die Erinnerung zurückkam.

Es war glühend heiß in Palm Springs, das heißt, die Gehwege waren so heiß wie Bratpfannen und der Wind fühlte sich an wie ein Heißluftventilator. Die Menschen, die aus einem milderen Klima zu der Konferenz angereist waren, hatten vielleicht von den harten Lebensbedingungen hier gehört, aber die nackte Realität der kalifornischen Wüste direkt zu erfahren, ist doch noch etwas anderes. Auch wenn es bis zum Sommer noch ein paar Monate hin war, legte sich die Hitze doch schon schwer auf alle Teilnehmer. »Kommen Sie im August wieder, dann erleben Sie den wahren Spaß«, witzelten die Einheimischen. »Nur Skorpione und Eidechsen haben die Haut für eine solche Hitze.«

Von all den Konferenzen, auf denen ich die Ehre hatte aufzutreten, war mir diese die liebste. Dies war das vierte Mal, dass mein Name neben solchen Rednern wie Jean Houston, Edgar Mitchell, Gregg Braden und Hank Wessleman stand. Es war wie ein esoterischer Wanderzirkus, der in der Stadt seine Zelte aufschlägt, seine Luftsprünge vorführt und ein Publikum zurücklässt, das nach mehr schreit. Es war mir eine große Ehre dabei sein zu dürfen, und ich hoffte meine Dankbarkeit zu zeigen, indem ich ein oder zwei inspirierende Gedanken beisteuerte. Gib, was du kannst und lächle jedem entgegen, das war mein Motto. Aber nimm dich vor allem nicht zu ernst, denn das wäre das Ende: Welcher Zauber auch immer da wäre, er würde sich in der Egozentrik verlieren und es wäre meine letzte Einladung gewesen. Gott sei Dank hatte ich noch den Traum gehabt, obwohl er immer noch nicht mehr als ein unbewusster Widerhall in meinem Bewusstsein war.
Ich ging ins Erdgeschoss, wo die Menge wartete und die vielen Stände den Eindruck eines spirituellen Einkaufszentrums erweckten. Die Party war in vollem Gange und ich war startbereit.

Ich erledigte die vorbereitenden Soundchecks und klärte, kurz bevor es losging, noch ein paar technische Probleme. Die Menge strömte wieder in die riesige Halle und ich ging in den Nebenraum, um mich vorzubereiten. Der Kopfschmerz hatte sich, wofür ich wirklich dankbar war, auf ein dumpfes Brummen reduziert, das ich sicher vergessen würde, wenn ich erst einmal auf der Bühne stand.

Die Ansagen ertönten und alle rückten sich für einen weiteren Vortrag zurecht. Ich war jetzt dran, vor sie zu treten. Ich hatte keine Ahnung, was ich sagen würde. Mein Geist war so völlig von den jüngsten Ereignissen in meinem Leben eingenommen, dass kaum Raum für etwas anderes war. Doch jetzt wollte ich all das vergessen, und der klügere Teil von mir beglückwünschte mich zu dieser Entscheidung. Also blieb mir nur mein Standard-Vortrag, den ich schon hundert Mal gehalten hatte, über die wunderbare Botschaft der Boten des Lichtes, die ich in meinem ersten Buch beschrieben hatte. Es war ein guter Vortrag, auch wenn ihm die Spannung meiner jüngsten Abenteuer fehlte. Ich wollte also einfach in einen altbekannten Gang schalten und die Zündung betätigen. Der Rest würde sich hoffentlich von allein ergeben.

Ich stand während der Ansage neben dem Podium. Schweiß rann mir über das Gesicht und meine Schläfen begannen zu pochen. »Nicht jetzt«, flüsterte ich vor mich hin. Ich fühlte mich wie ein Epileptiker kurz vor einem Anfall. *Halte es auf. Gib ihm nicht nach. Du kriegst das in den Griff.* Doch der Tiger hatte mich schon am Bein gepackt und ich hatte nicht die Kraft, ihn abzuschütteln. Seine Zähne sanken in mein Fleisch und setzten sich fest, als hätten sie Widerhaken.

Ich hörte den Applaus der Menge wie aus weiter Ferne. Ich stieg die Stufen empor und nahm meinen Platz am Mikrophon ein. Ich atmete einmal durch, öffnete meinen Mund und seufzte tief, bevor ich begann.

»Vielen Dank. Es ist mir eine Ehre, heute hier bei Ihnen zu sein.«

Damit stürzte ich mich hinein, hielt meinen Vortrag, sang ein paar Lieder und öffnete mein Leben wie eine Dose Sardinen. Mir war nicht klar, dass die Dose so voll war, die Worte purzelten nur so über die Bühne. Meine Kraft kehrte langsam zurück, obwohl der Kopfschmerz seine Attacke verstärkte. Ich konnte kaum sagen, was stärker war, der Schmerz oder der Energieschub, den ich verspürte. Ich sprang auf beide wie auf ein Surfbrett und versuchte, die bedrohlich wirkenden Wellen entlang zu gleiten. Es war ein wilder Ritt, aber irgendwie schaffte ich es, oben zu bleiben und einen Rhythmus zu finden. Ich spürte den Schmerz, ich spürte auch die Wellen unter meinen Füßen, doch sie spielten keine Rolle, denn ich zog meine Kraft aus der lauschenden Menge und mit jedem Wort drehte ich mich spiralförmig höher.

Dann geschah etwas, was ich nie zuvor erlebt habe und hoffentlich auch nie wieder erleben werde. Während ich sprach, bemerkte ich, dass eine Frau aus dem Publikum in Richtung Bühne ging. Sie steuerte auf die kleine Treppe an der rechten Seite zu, hielt einen Moment inne und kam dann herauf. Oben stand sie einen Augenblick lang mit einem verlorenen Blick still, und ich dachte, sie wolle vielleicht mein Wasserglas auffüllen. Im Rückblick ist mir klar, dass das ein absurder Gedanke war, doch nichts anderes ergab einen Sinn. Warum sollte sie mitten in meinem Vortrag drei Meter neben mir stehen? Alle anderen Möglichkeiten waren zu beängstigend, als dass ich sie in Betracht ziehen wollte.

Doch dann geschah es. Ich gab der Versuchung nach und unterbrach mich mitten im Satz, um sie direkt anzuschauen. Sie sah wie ein Kind aus, das in einer riesigen, achtlosen Menschenmenge seine Eltern verloren hatte. Als mein Blick auf sie fiel, weiteten sich ihre Augen und ihr Mund öffnete sich wie in Zeitlupe. Ich sah all dem zu wie einem Film, als hätte es nichts mit mir zu tun, als könnte ich jederzeit auf einen anderen Kanal wechseln. Wenn es nicht so schnell gegangen wäre, hätte ich vielleicht gewusst, was zu tun gewesen wäre, doch ein Energieblitz fuhr mit solch einer Plötzlichkeit und Wucht aus ihr heraus, dass ich fast von der Bühne gefallen wäre.

Ihr Schrei war so schrecklich, dass er Wellen der Angst durch den Raum fluten ließ. Ich trat einen Schritt zurück, als wäre er ein auf mich gerichtetes, geladenes Gewehr. Sie schrie, bis ihre Lungen leer waren, nahm dann einen weiteren tiefen Atemzug und fing von neuem an. Ihr Mund war weit geöffnet, wie eine Höhle, die kalte, dumpfe Dunkelheit ausstößt. Nachdem sich dieser Schrei entladen hatte, atmete sie erneut ein und machte weiter. Ein Schrei folgte dem anderen, und niemand im Saal bewegte sich. Niemand kam auf die Bühne, um mir zu helfen, niemand kam, um sie zurück zu ihrem Platz zu führen, alle saßen da und schauten zu, als wäre dies ein Teil der Vorstellung.

Sie schrie ungefähr drei Minuten lang, bevor etwas geschah. Schließlich fand ich meine Besinnung wieder und ging auf sie zu. Ich bemerkte erst jetzt, wie stark die Kopfschmerzen geworden waren, sie brachten mich bei meinem ersten Schritt beinahe zu Fall. Ich fing mich und bewegte mich langsam auf die Frau zu, deren offener Mund mir immer noch ohrenbetäubende Klangwellen entgegensandte. Ich schlang meine Arme um sie, umfasste sie ganz, wie mit Flügeln. Ihr Schrei ging weiter, doch gedämpft von meiner Schulter, in der sie ihr Gesicht barg.

Das brach den Bann, der sich über das Publikum gelegt hatte. Zwei oder drei Leute lösten sich aus der Menge und kamen uns zu Hilfe. Sie nahmen sie mir ab und umschlangen sie ebenfalls, wie schützende Decken. So führten sie sie von der Bühne herab. Unten auf dem Boden brach die Frau zusammen und ihr Schrei wurde zu einem jammervollen Wimmern und Stöhnen. Ich stand immer noch da, wo man sie mir abgenommen hatte, und erinnerte mich plötzlich daran, wo ich war und dass tausend Leute dieser merkwürdigen Szene zuschauten. Ich wandte mich wieder dem Mikrophon zu und wartete noch einen Moment, bevor ich wieder das Wort ergriff.

»Das ist die Wirklichkeit«, sagte ich. »Man kann auf solchen Versammlungen von Gleichgesinnten lange über Frieden reden, doch es ist etwas ganz anderes, dann den Frieden in eine Welt zu bringen, in der solche unerwarteten Dinge geschehen wie eben.« *Warum pocht es so schrecklich in meinem Kopf?* »Auf solchen Veranstaltungen wie dieser finden wir leicht Menschen, die unserer Meinung sind, doch die eigentliche Arbeit beginnt, wenn wir hier aus der Tür gehen.« *Bitte, lass es aufhören...ich glaube nicht, dass ich so weitermachen kann.* »Die Menschen reagieren unterschiedlich auf Liebe, doch es ist unsere Aufgabe zu lieben, unabhängig davon, wie die Liebe wahrgenommen oder empfangen wird. Im ›Kurs in Wundern‹ steht, dass alles, was wir tun, entweder ein Akt der Liebe oder eine Bitte um Liebe ist, dass es daher in jeder Situation die angemessene Reaktion ist, zu lieben. Das ist die einzige Lehre, die ich heute anbieten – und lernen kann.« *Ich muss jetzt aufhören, sonst falle ich auf der Bühne in Ohnmacht. AUFHÖREN.* »Damit möchte ich mich jetzt verabschieden und Ihnen noch eine wunderbare Konferenz wünschen, Ihnen und der Liebe, die Sie nie verlassen hat, die nie entstellt wurde.«

Die Menge applaudierte und ich versuchte, von der Bühne zu kommen, ohne dass jemand merkte, dass ich mich sterbenselend fühlte. Ich wusste, dass das, was jene Frau durchgemacht hatte, mit meinen Kopfschmerzen und mit der Gabe zusammenhing. Irgendwie hatte sie auf das reagiert, was durch mich hindurchfloss, oder mir widerfuhr. Ich wusste nicht genau, was das war, aber es sollte aufhören. Die tollen Experimente, die so unschuldig angefangen hatten, zerrissen mir langsam den Verstand und ich wollte es nicht mehr. Aber wie konnte ich es zum Aufhören bringen? Wie konnte ich es beenden, bevor es mir ein Ende bereitete?

Eine Woche später geschah während meines Vortrags in Anchorage in Alaska etwas Ähnliches. Und genauso wie zuvor ging den Ereignissen ein zunehmender Kopfschmerz voraus und das Gefühl, dass ich etwas aussandte, dessen ich mir nicht bewusst war. Irgendein Signal wurde ausgelöst und die Menschen reagierten auf unterschiedliche Weise. Aber was bedeutete all das? War es ein Nebeneffekt der Gabe, die mir Marco verliehen hatte oder vielleicht etwas viel Dunkleres, was hier am Werk war? Ich wusste zu diesem Zeitpunkt nur, dass sich alles verändert hatte und ich nicht einfach so weitermachen konnte, als wäre nichts geschehen. Was auch immer hier los war, ich hatte es nicht im Griff, und wenn es sich weiter entwickelte, so war ich verloren.

Die Kopfschmerzen waren fast unerträglich geworden. Ich verbrachte jeden Tag Stunden zusammengerollt auf meinem Bett und versuchte zu schlafen, denn das war mein einziges Entkommen. Ich ließ die Experimente ganz sein, in der Hoffnung, die Anfälle zu mindern, doch ich war bereits zu weit gegangen. Irgendetwas musste sich ändern, sonst würde ich verrückt werden, wenn ich es nicht schon war.

KAPITEL ZWEI

In der Fremde

In den nächsten drei Monaten veränderte sich nur wenig, außer dass die Kopfschmerzen etwas nachließen, wenn ich mich mit den Experimenten zurückhielt. Jeden Morgen schien ich aus einem schwarzen, traumlosen Nichts aufzutauchen, eine äußerst ungewöhnliche Erfahrung für mich. In der Vergangenheit habe ich den größten Teil meiner Inspirationen aus meiner so genannten »Nachtschule« gezogen. Erst nachdem dieses merkwürdige Drama beendet war, stellte sich heraus, dass ich nicht wirklich aufgehört hatte zu träumen, denn all die Träume aus dieser Zeit kehrten später in mein Bewusstsein zurück. Zwei dieser Träume, die mir erst Ende Mai 2001 wieder einfielen, möchte ich hier wiedergeben, weil sie von großer Bedeutung für den Verlauf der Ereignisse waren. Sie bestimmten den Rahmen dessen, was mir bevorstand, denn das eigentliche Abenteuer hatte noch kaum begonnen. Wenn ich gewusst hätte, was auf mich zukam, wäre ich vielleicht einfach noch ein paar Monate im Bett liegen geblieben und hätte gewartet, bis alles vorbei war. Gott sei Dank habe ich mich jedoch in Bewegung gesetzt, denn später stellte sich heraus, dass mein Leben davon abhing.

Erster Traum

Ich ging mit Marco durch die Straßen einer osteuropäischen Stadt, vielleicht in Bulgarien. Es war ein kühler Tag, die Sonne war hinter dunklen, regenschwangeren Wolken versteckt und die Leute schlugen sich den Mantelkragen hoch. Es kam mir völlig normal vor, dort mit ihm spazieren zu gehen. Ich bin schon einmal in der bulgarischen Hauptstadt Sofia gewesen und glaubte nun, einige der Gebäude und Ausblicke wieder zu erkennen. Die Städte in den ehemaligen Ostblockländern mit ihren düsteren, bröckelnden Fassaden sind jedoch schwer voneinander zu unterscheiden. In meinem Traum schien alles am rechten Ort zu sein,

als ob ich schon sehr lange dort gewesen wäre. Es erschien mir auch nicht ungewöhnlich, dass ich mit Marco dort war, diesem Jungen, der die ganze Geschichte ins Rollen gebracht hatte, als er seinen Zeigefinger ausstreckte.
»Warum, glaubst du, geschieht das alles?«, fragte er mich, als wir an einer Kreuzung stehen blieben.
»Ich weiß nicht genau«, antwortete ich. »Vielleicht weil es der richtige Zeitpunkt ist, weil wir bereit sind für die nächste Stufe – oder vielleicht ist es Evolution. Ich glaube, dass es um Evolution geht. Wann immer es für eine Spezies an der Zeit ist, sich aus den Begrenzungen der alten Form zu befreien, gibt es eine Gruppe, die das Neue verkörpert, die den Weg weist. Vielleicht bist du deswegen zu mir gekommen.«
»Ich kapier' das alles nicht, was du da redest, das ist mir zu kompliziert. Aber ich glaube, du hast recht, jedenfalls fühlt es sich so an. Wer ist diese Gruppe?«
»*Die Kinder von Oz*«, sagte ich, als die Ampel auf Grün schaltete. Wir überquerten die Straße. »Du hast mir doch von ihnen erzählt, von diesen anderen Kindern, die diese Begabungen haben. Ich glaube, dass sie uns anderen zeigen, zu was wir werden können.«
»Oder was ihr bereits seid«, warf er ein.
»Wie meinst du das?«
»Wir sind nicht anders als du oder sonst irgendjemand.« Marco blieb stehen und sah mir direkt in die Augen. »Nur weil wir diese Fähigkeiten haben, stehen wir nicht über euch oder sind höher entwickelt. Es ist bereits in euch. Ich habe dir nichts gegeben, als ich deinen Finger berührte. Ich habe dir nur geholfen, die Türe aufzuschließen. Die Gabe flatterte dann einfach heraus. Diese Kinder zeigen euch schlicht und einfach, wer ihr bereits seid, sie bieten einen Schlüssel an.«
»Einen Schlüssel, der allen helfen wird, diese Türen zu öffnen?«
»Ja. Die meisten Menschen halten diese Türen fest verschlossen. Es ängstigt sie, was dahinter sein könnte, und wenn sie es spüren, meinen sie, nicht ganz richtig im Kopf zu sein. Sie brauchen etwas, was ihnen hilft, sich zu entspannen und zu erkennen, dass da nichts ist, das ihnen Böses will. Was glaubst du, könnte das sein?«
»Du meinst, was sie brauchen?«
»Ja.«

»Liebe. Ich glaube, dass wir alle nach demselben suchen und dass Liebe das Einzige ist, was wir wirklich brauchen.«

»Und die Liebe wird jene Türen öffnen, die die Angst verriegelt hat?«

»Ja, davon bin ich überzeugt«, antwortete ich ihm.

Wir hatten einen kleinen Park erreicht, in dessen Mitte ein Springbrunnen stand. Um den Brunnen herum verlief ein von Bänken gesäumter Weg. Wir setzten uns auf eine dieser Bänke und redeten weiter.

»Marco, weißt du, was ein Abgesandter der Liebe ist?«

»Nein. Was ist ein Abgesandter?«

»Das ist jemand, der geschickt wird und der etwas in sich trägt oder bei sich hat, was er anderen bringt«, versuchte ich zu erklären. »Ein Abgesandter der Liebe wäre also jemand, der Liebe in sich trägt, um sie zu anderen zu bringen. Würdest du sagen, dass die Kinder von Oz in diesem Sinne Abgesandte der Liebe sind, dass ihre eigentliche Aufgabe darin besteht, Liebe zu bringen?«

Er schaute sich um, als suche er nach einer guten Antwort. Uns gegenüber saß eine Frau mit einem Baby. Sie lächelte dem Kind zu und schaukelte es auf ihrem Knie.

»Schau dir mal dieses Kind an«, sagte er und hörte sich überhaupt nicht wie ein Zehnjähriger an, sondern wie der weiseste Erwachsene, mit dem ich je gesprochen habe. »Das Kind kann noch kaum etwas selbstständig tun, es kann nur lächeln und lachen, wenn es von seiner Mutter gehalten wird. Doch es reagiert bereits auf Liebe, einfach weil es die Liebe schon in sich trägt. Es muss darüber weder reden noch etwas erklären, doch wer spürt nicht die Liebe, wenn er einem Baby in die Augen schaut? Erwachsene sind eigentlich genauso. Sie verwenden allerdings meistens den Kopf und versuchen, die Dinge zu erklären. Wirkliche Verständigung läuft aber über das Herz. Jemand kann um sein Herz Schutzwälle auftürmen, doch genug Liebe lässt diese Wälle in sich zusammenfallen, und dann ist er genauso wie dieses Kind. Dafür sind wir hier, um diese Schutzwälle auflösen zu helfen.«

»Wir haben also bereits alles, was wir brauchen, wir müssen es nur finden?«

»Genau. Es gibt niemanden irgendwo in der Welt, der euch etwas geben könnte, doch manche Menschen können dabei helfen, bestimmte Türen zu öffnen. Darum geht es bei den Kindern, vor allem bei den übersinnlich begabten Kindern. Bei den *Kindern von Oz* sind diese Türen schon seit ihrer Geburt aus den Angeln gehoben, bei ihnen steht der Liebe einfach nichts mehr im Wege. Und in diesem Liebe-Geben helfen sie anderen, das Gleiche zu tun.«

»Aber was ist mit den übersinnlichen Begabungen?«, fragte ich. »Warum besitzen diese Kinder solche Kräfte?«

»Ich weiß auch nicht«, sagte er und schaute dann weg. »Ich denke, es ist eben einfach so. Aber ich habe dir ja schon gesagt: Wenn du dich zuviel auf diese Kräfte konzentrierst, verschwinden sie.«

»Warum?«

»Die Kräfte sind um der Liebe willen da, und wenn du die Liebe vergisst, dann verschwinden die Kräfte. Verstehst du?«

»Ich glaube, ja. Ich scheine bereits gewisse Erfahrungen damit gemacht zu haben. Was ist mit den Kopfschmerzen?«

»Diese Frage wirst du dir selbst beantworten müssen«, erwiderte er. »Ich glaube, wenn du die eigentliche Frage beantwortest, dann werden die Kopfschmerzen einfach verschwinden.«

»Die eigentliche Frage?«

»Genau. Danach solltest du suchen.«

Zweiter Traum

In der nächsten Nacht ging der Traum einfach da weiter, wo er aufgehört hatte. Wir saßen immer noch zusammen auf der Parkbank vor dem Springbrunnen, und die Mutter schob jetzt ihr Kind im Kinderwagen vor sich her. Es gab keinen wahrnehmbaren Zeitsprung, als wäre überhaupt keine Zeit vergangen, als hätten wir nur einmal tief Luft geholt und dann weitergeredet.

»Du hast vorhin etwas darüber gesagt, dass die Kinder aus einem tieferen Grund zusammengekommen seien«, sagte ich zu Marco. »Was hast du damit gemeint? Willst du damit sagen, dass du dir aller anderen Kinder bewusst bist, die die Gabe besitzen?«

»In gewisser Weise ja, aber nicht so, wie du denkst. Zunächst einmal sind wir uns der Tatsache bewusst, dass wir Eins sind. Innerhalb dieser Erfahrung sind wir uns auch der anderen Kinder bewusst, all der Kinder, die für diesen speziellen Zweck hier gesät wurden.«

»Warum sagst du ›gesät‹?«, fragte ich. »Das ist ein bedeutungsvoller Ausdruck, denn damit sagst du, dass ihr hier sozusagen eingepflanzt wurdet, vielleicht von einem anderen Planeten oder aus einer anderen Dimension. Stimmt das?«
»Glaubst du nicht, dass du hier eingepflanzt wurdest?«
»Ich? Hm, ich habe noch nie in dieser Weise darüber nachgedacht.«
»Hast du noch nie das Gefühl gehabt, dass du hier bist, um etwas Bestimmtes zu erreichen? Hast du nicht das Gefühl, dass hier ein großer Wandel vor sich geht und dass du hierher gekommen bist, um daran teilzunehmen?«
»Im Grunde schon«, gab ich zu. »Ich habe mich also bewusst entschieden, wir alle haben uns bewusst entschieden? Wir sind zu diesem Zeitpunkt auf diesem Planeten, weil wir uns so entschieden haben?«
»Fühlt sich das nicht sinnvoll an?«, fragte er zurück, und ich vergaß wieder einmal, dass ich mit einem zehnjährigen Jungen sprach. »Spürst du es nicht tief in dir, dieses Gefühl der Bestimmung, der Aufgabe? Es war vielleicht kein bewusster Prozess, aber auf jeden Fall ein absichtsvoller.«
»Bewusst – mit Absicht, das erschien mir bislang immer als dasselbe.«
»Vielleicht hast du Recht. Letztendlich sind dies alles Konzepte, doch die Wahrheit ist kein Konzept. Die Wahrheit ist etwas Echtes, Vibrierendes. Und was deine Frage betrifft: Wir sind alle hier eingepflanzt worden, um etwas Außerordentliches zu tun, um Abgesandte der Liebe zu sein, wie du es nennen würdest. Die medial begabten Kinder, die so genannten Kinder von Oz, spielen dabei eine besondere Rolle. Du hast deine Rolle und wir haben unsere.«
»Was genau ist eure Rolle?«, fragte ich.
»Einfach eine Frage zu stellen.«
»Eine Frage? Welche Frage?« Ich hatte ihn am Haken und ich gedachte nicht, loszulassen.
»Es ist eine Frage, die sich jeder auf der Welt stellen muss. Einmal gestellt, erfordert sie entsprechendes Handeln. Unsere Rolle besteht darin, zunächst einmal diese Frage zu sein, und dann der Welt einen Weg zu zeigen, wie sie die Frage für sich beantworten kann.«

Ich schaute ihm in die Augen, in der Hoffnung, dass er mich fragen würde. Aus irgendeinem Grund wollte ich es nicht aussprechen. Ich wollte, dass er mir die Frage stellen würde, ohne dass ich darum bat. Meine Augen sagten mehr als tausend Worte.
»Willst du die Frage wissen?«, sagte er schließlich mit einem Grinsen.
»Ja«, antwortete ich. »Ich dachte schon, du fragst mich nie.«
»Denke aber daran, dass du diese Frage leben musst, dann wird dich das Leben zur Antwort führen. Wenn du diese innere Haltung einnimmst, wird es nicht lange eine Frage bleiben.«
Ich atmete tief durch, als stünde mir eine gewaltige Erfahrung bevor. Was auch immer er sagen würde, es enthielt die ganze Mission der *Kinder von Oz*. Ich konnte nicht wirklich begreifen, was das bedeutete, und ich kann es bis zum heutigen Tag nicht. Doch jener Augenblick war so real, dass ich weiß, es war mehr als ein gewöhnlicher Traum, es war die Art, wie Marco mir diese tieferen Lehren vermittelte. Ich setzte mich aufrecht auf die Bank und wartete.
»Ich werde deine Worte verwenden und die Frage so stellen, dass du sie verstehen kannst«, fing er an. »Die Frage lautet: ›Wie würdest du dich verhalten, wenn du wüsstest, dass du in diesem Augenblick ein Abgesandter der Liebe bist? Fang an!‹ Was würdest du in diesem Augenblick tun? Wie würdest du mit den Menschen umgehen, denen du begegnest? Was würdest du zu ihnen sagen? Wie würdest du dein Leben leben?
Weißt du, das ist die einzige Frage, um die es im Moment geht, denn sie ist der eigentliche Auslöser. Das Leben beginnt, wenn du erkennst, dass diese Frage wahr ist, dass du wirklich jetzt, in diesem Augenblick, ein Abgesandter der Liebe bist. Willst du also anfangen oder auf irgendetwas anderes warten?«
»Werde ich erkennen, dass ich in diesem Augenblick ein Abgesandter der Liebe bin?«
»Genau, darum geht es. Das ist die Aufgabe der Kinder von Oz, diese Antwort zu leben. Ich habe ja schon gesagt, dass es jeder in sich hat, aber normalerweise ist es unter vielen Schichten von Angst begraben. Wenn wir jedoch diese Frequenz halten können und die Welt sieht, dass wir sie halten, dann stellt das einen Weg in eine neue Welt dar.«
»Ihr wollt also, dass wir alle erkennen, dass dies die Wahrheit

ist, dass wir Abgesandte der Liebe sind, und wenn wir uns dieser Wahrheit entsprechend verhalten, dann wird die Liebe in uns ausgelöst, richtig?«

»Du kannst nichts leben, was du nicht kennst«, erklärte er. »Du hast mich gefragt, ob wir uns all der anderen Kinder von Oz bewusst sind. Natürlich sind wir das. Wir arbeiten zusammen, um eine Art von weltweitem Netz aufzubauen, das den Menschen hilft, diese Wahrheit zu leben. Ich sagte, dass wir hier ›gesät‹ wurden, und auch das meinte ich so, wie ich es gesagt habe. Wir sind hier mit einer Absicht, und wir sind uns dessen bewusst. Es ist nicht leicht, all das gut zu erklären, aber wenn du in dein Herz gehst, wirst du spüren, dass es wahr ist, weil es auch für dich wahr ist.«

»Kannst du mir mehr über dieses ›Netz‹ erzählen?«, fragte ich.

»Du wirst selbst mehr darüber erfahren. Es kann nicht erklärt werden, nur gelebt. Du wirst es leben, das verspreche ich dir. Deine Rolle in diesem Spiel hat gerade erst angefangen. Du bist im Begriff, auf eine Reise geführt zu werden. Du würdest es mir nicht glauben, wenn ich versuchen würde, es dir zu erklären. Aber wenn du es lebst, wirst du es glauben, verstehst du?«

»Nein, nicht wirklich.«

»Das kommt schon noch«, erwiderte Marco. »Wenn all dies zu Ende ist, wirst du bestimmt verstehen.«

Ich dachte, ich hätte die ganze Geschichte hinter mir gelassen. Die Begegnung mit Marco war eine aufregende Erfahrung gewesen, und die Achterbahnfahrt danach war noch faszinierender, doch die Nebenwirkungen in Form von schreienden Menschen und rasenden Kopfschmerzen hatten überhand genommen. Ich entschied mich schließlich, es sein zu lassen. Ich lebte bereits ein erfülltes Leben und hatte keinen Bedarf an zusätzlichem Drama. Es gab mehr als genug zu tun und dieses spezielle Mysterium hatte sich unbeliebt gemacht.

Aber ganz so leicht kam ich nicht davon, jedenfalls nicht auf Dauer. Irgendetwas bewegte sich in mir und es war nicht bereit, mich loszulassen, bevor es mit mir fertig war. Ich spürte, wie es wuchs und kräftiger wurde, wie ein Kind im Bauch der Mutter sich von ihrer kostbaren Lebenskraft nährt. Solange ich es mit den Experimenten nicht übertrieb, hielten sich die Kopfschmerzen in Grenzen, aber das hieß nur, dass »Es« schlief und gerade nicht mit den Füßen gegen meine Schläfen trat, als wollte es sich freistrampeln.

Die Träume setzten sich fort, aber ich war mir ihrer nach wie vor nur halb bewusst. Etwas in mir widersetzte sich der Botschaft, hielt sie auf Armeslänge entfernt, weil sie zu schnell zu viel von mir verlangen könnte. Lediglich mein Wohnort und die Menschen meiner Umgebung blieben konstant.

Irgendwann ging mir das Wort »Bulgarien« nicht mehr aus dem Kopf, wie ein ständig an mir ziehendes Echo gegen das Vergessen. Bulgarien wollte mich haben, so wie Marco mich gewollt hatte. Eines Tages fiel es mir plötzlich wie Schuppen von den Augen. Ich wusste, dort würde ich ihn finden und ich wusste, er wartete dort auf mich. Ich musste diese Geschichte zu einem Abschluss bringen, und das konnte nur in Bulgarien geschehen. Wenn mir das irgendjemand gesagt hätte, hätte ich ihm nicht geglaubt, doch das Wort hatte in meinem Gehirn pulsiert und jetzt war es heraus, es lebte und atmete, es entwickelte ein Eigenleben. Ich wusste, es gab keine andere Antwort. Ich würde dorthin gehen und ich würde ihn finden.

Ich buchte meinen Flug, ohne irgendjemandem im Haus davon zu erzählen. Sie würden mich endgültig für verrückt erklären. Sie dachten, ich hätte das Interesse an der Geschichte verloren. Die Zeiten waren vorbei, in denen ich die anderen ständig mit meinen neuesten Fähigkeiten belästigte. Ich wendete die Gabe immer noch ab und zu an, wenn es niemand merkte, aber mehr, um zu sehen, ob es noch ging. Es ging. Meine Kräfte nahmen sogar eher zu, auch wenn ich nicht mehr so von ihnen überwältigt wurde. Sie waren jetzt mehr wie ein dienstbarer Geist, der in seiner Flasche schläft und nur herauskommt, wenn ich ihn rufe. Doch seine Kräfte waren nach wie vor unübertroffen, und das bestätigte mich in meinem Entschluss zu fahren.

Es war Ende Mai und mein Flug ging in zwei Tagen. Ich erzählte den anderen am nächsten Abend davon und meine Bedenken bezüglich ihrer Reaktion erwiesen sich als unbegründet. Alle waren dafür, als wüssten sie, dass es der einzige Weg für mich war, diese Odyssee zu Ende zu bringen. Sie stellten die normalen Fragen, wie »Bist du sicher, dass du das schaffst?«, aber ansonsten gab es keine Einwände. Am nächsten Tag sollte ich in ein

Land fliegen, das so geheimnisvoll war wie die Nacht, mit keinem Führer außer meiner Intuition.
Während ich den Atlantik überflog, beschlich mich eine gewisse Hilflosigkeit, als würde ich meinen Heimvorteil aufgeben und mich auf das Feld des Gegners begeben. Ich erinnerte mich an meine letzte Reise nach Bulgarien. Ich hatte nie das Bedürfnis gehabt, dorthin zurückzukehren. Die Zeit, die ich in jener Region verbracht hatte, war ein Wendepunkt in meinem Leben gewesen, doch ich dachte, es wäre damit beendet. 1995 bin ich in Kroatien zum ersten Mal den Boten des Lichts begegnet. Diese Reise und diese Begegnung hatten mein Leben von Grund auf verändert. In der Zeit danach schrieb ich ein Buch darüber und reiste dann durch die ganze Welt, um zu lehren und weiterzugeben, was ich dort gelernt hatte. Ich kehrte noch zweimal zurück, und schwor mir dann, dass es vorbei sei. Ich hatte irgendeine karmische Schuld beglichen und, was mich betraf, war die Bank jetzt für Transaktionen geschlossen. Es war seitdem viel Zeit verstrichen und mein Leben war weitergegangen. Ich hatte mich anderen Dingen zugewandt und hoffte, dass meine Dienste nicht mehr benötigt wurden.
Bulgarien war damals, während des Kosovo-Krieges, das einzige Land der Region gewesen, dessen Flughafen nicht von der Nato geschlossen worden war. Ich war per Bus von Sofia nach Mazedonien gefahren und hatte mich von dort zu den grenznahen Flüchtlingslagern durchgeschlagen. Es hatte bei jener Reise keinen Grund für mich gegeben, länger in Bulgarien zu bleiben und ich hatte auch kein Verlangen danach. Nach meiner Friedensmission im Kosovo kehrte ich via Sofia zurück und das war's. Ich hatte nicht damit gerechnet, je wieder dorthin zu wollen.
Doch jetzt war ich wieder auf dem Weg – aus Gründen, die mir selbst schleierhaft waren. Ich hatte keine Ahnung, was ich nach meiner Ankunft tun würde, wohin ich fahren oder wo ich bleiben wollte. Wenn etwas an dieser Gabe dran war, die ich erhalten hatte, dann würde sie mich schon in die richtige Richtung führen, dachte ich mir. Wenn nicht, hätte ich mein Ziel auch erreicht, das Ganze würde ein unspektakuläres Ende haben und das wäre auch in Ordnung. Dies schien – wie auch immer– der Schlussakt zu werden und ich war froh darüber.
Ich kam an einem Freitagmorgen in Sofia auf dem Flughafen

an. Ich hoffte, dass die Gabe mir sagen würde, wohin ich mich wenden und mit wem ich sprechen sollte. Nirgends stand ein Schild »Übersinnlich begabte Kinder hundert Meter links« oder dergleichen. Es war sicher auch nichts, wonach man sich gleich bei der Einreise erkundigte. »Danke für das Visum, könnten Sie mir bitte sagen, wo hier in Bulgarien die medial begabten Kinder gehalten werden? Wissen Sie, ich suche nach einem Jungen namens Marco, der mir beigebracht hat, Löffel zu biegen und Gedanken zu lesen.« Ich würde jemanden fragen müssen, und ich hoffte zu wissen, wann der richtige Zeitpunkt dafür wäre. Ich war mir nicht mehr sicher, ob es wirklich eine gute Idee gewesen war, hierher zu kommen.

Im Flughafen waren ein paar kleine Läden, in denen Hotels vermittelt und Autos vermietet wurden. Als Erstes brauchte ich ein Hotel, von dort aus konnte ich dann weiter sehen. Ich ging in einen der Läden, um mit meiner Suche zu beginnen.

»Guten Tag, können Sie mir ein Hotel in der Stadt vermitteln?«

»Aber sicher«, antwortete der Mann. Er war mittleren Alters und hatte dunkle Augen, die tief in ihren Höhlen lagen. Ich mochte gar nicht so genau hinschauen, denn ich hatte den Eindruck, in die leeren Höhlen eines Schädels zu blicken. Er saß da und starrte mich an, als ob er etwas von mir erwartete.

»Brauchen Sie etwas von mir dafür?«, fragte ich ihn.

»Woher kommen Sie?«, fragte er trocken zurück. Das ist eine merkwürdige Frage, dachte ich mir.

»Ich komme aus den Vereinigten Staaten, aus Kalifornien. Warum wollen Sie das wissen?«

»Nur so. Was für ein Hotel möchten Sie gerne?«

»Weiß ich nicht so genau, mittlere Preislage, denke ich. Was gibt es denn?«

Er schaute mich wieder an, als wollte er eine Entscheidung treffen oder sei einfach etwas schwer von Begriff. »Ich empfehle Ihnen das Hotel ›Prinzessin‹«, sagte er schließlich. »Es ist sehr hübsch und ich kann Ihnen einen guten Preis geben. Es ist zehn Minuten zu Fuß von der Innenstadt entfernt und kostet nur 55 Dollar, alles inklusive. An der Rezeption würde es Sie 85 Dollar kosten.«

»Ist es ein gutes Hotel?«

»Ja, es ist sehr neu«, sagte er. »Viele amerikanische Touristen wohnen dort. Ich nehme an, Sie sind auch ein Tourist, oder?«
Ich räusperte mich. »Ja, ich bin ein Tourist. Ich will mir hier eine Woche lang die Sehenswürdigkeiten anschauen.«
»Was wollen Sie denn sehen?«, hakte er aus irgendeinem Grund nach.
»Ich weiß noch nicht. Ich werde mir wohl einen Führer suchen und mir die Möglichkeiten erklären lassen müssen.«
»Es gibt viele Möglichkeiten.« Er lächelte zum ersten Mal. »Bulgarien ist ein wunderschönes Land. Wenn Sie ein Auto mieten möchten, um ins Landesinnere zu fahren, können wir das hier für Sie arrangieren.«
»Vielen Dank, vielleicht komme ich später darauf zurück. Ich muss erst mal richtig ankommen.«
»Wie Sie wünschen, mein Herr.«
Ich füllte die Formulare aus und er ließ meine Kreditkarte durchlaufen. Ich spürte die ganze Zeit, dass ihm nicht wohl war, irgendwie misstraute er mir. Aus seiner Sicht musste ich doch einfach nur ein normaler Tourist sein, der gerade aus dem Flugzeug gestiegen ist. Ich hatte noch keine einzige der Fragen gestellt, durch die ich sicherlich auffallen würde. Wenn ich schon mit einer einfachen Zimmerreservierung eine derartige Reaktion hervorrief, wie würde es erst werden, wenn ich zu meinem eigentlichen Thema überging?
»Brauchen Sie ein Taxi, um in die Stadt zu kommen?«, fragte er mich.
»Ich glaube schon.«
Er öffnete ein kleines Fenster neben seinem Schreibtisch und brüllte in die Haupthalle, wo Hunderte von Menschen auf ihre Lieben warteten. »Jivco«, brüllte er, und ein Mann lief zu uns herüber. Er schaute mich an. »Brauchen Sie ein Taxi?«
»Ja, ich glaube, ich muss zum Hotel Prinzessin. Wie viel wird das kosten?«
»Zum Hotel Prinzessin?« Er schien zu überlegen. »Das macht Fünfzehn Dollar.«
Ich wusste, wenn ich es darauf anlegte, würde ich wahrscheinlich für die Hälfte hinkommen, wenn nicht weniger. Doch es gehört in solchen Ländern wie Bulgarien dazu, dass einem vom ersten Moment an das Geld aus der Tasche gezogen wird. Man

muss sich einfach entscheiden, um wie viel man sich betrügen lassen will, und dann eine Grenze setzen. Aber vermeiden lässt es sich nicht.
Jivco führte mich zur Tür und an all den normalen Taxen vorbei. Die Fahrer sahen ihn verächtlich an, sie wussten, dass er ihnen einen Passagier stahl. Wir gingen am Parkplatz vorbei zu einer Reihe Autos, die am Gehweg parkten. »Da sind wir«, sagte er und wies auf einen kleinen Ford. Er öffnete die Tür, ich warf meine Taschen auf den Rücksitz und wir fuhren los. Während wir das Flughafengelände verließen, schaute er mich neugierig von der Seite an. Er spürte offensichtlich, dass ich kein normaler Tourist war, wie ich da alleine und nur mit Rucksack und Schultertasche ankam. Genauso wie der Mann an der Vermittlung versuchte er herauszubekommen, wer ich war.
»Waren Sie schon einmal in Bulgarien?«, fragte er, als wir auf den Zubringer nach Sofia bogen.
»Ja, einmal, vor drei Jahren, aber nur ein paar Tage lang.«
»Warum sind Sie diesmal hier? Zu Besuch oder aus geschäftlichen Gründen?«
»Nur zu Besuch«, erwiderte ich. »Es gefiel mir beim ersten Mal und ich wollte wiederkommen.«
Meine Lüge war fadenscheinig und er durchschaute sie. Ich hätte ehrlich mit ihm sein sollen. *Ich bin Schriftsteller und will hier für ein neues Buch recherchieren.* Das wäre glaubwürdiger gewesen. Als Schriftsteller mochte ich durchgehen, aber als Tourist... Die kannte er sicherlich und ich passte nicht ins Schema.
»Was wollen Sie sich denn ansehen?«, fragte er. »Sie haben ja sicherlich...«
»Eigentlich bin ich hier, um für ein Buch zu recherchieren.«
»Ah, Sie sind ein Schriftsteller.« Das schien ihm weiterzuhelfen. »Jetzt verstehe ich.«
»Jetzt verstehen Sie was?«
»Naja, Sie sehen auch aus wie ein Schriftsteller, wenn ich das sagen darf.«
»Sicher«, antwortete ich. »Ich wirke wohl nicht wie ein normaler Tourist.«
»Sie schreiben ein Buch? Was für eins? Vielleicht kann ich Ihnen weiterhelfen?«
Ich spürte einen leichten inneren Schubs, wie eine Ermutigung,

hier nachzuhaken. Ich wusste von Jivco nicht mehr, als dass er ein schäbiges Auto hatte, mit dem er ab und zu eine Fuhre machte. Aber vielleicht wäre er mein erster Dominostein, der eine ganze Reihe nach sich ziehen und mich so dahin bringen würde, wo ich hin wollte, zu Marco. Ich musste darauf vertrauen, dass die Gabe in mir mich führen und mir die richtige Richtung weisen würde. Warum also nicht gleich hier anfangen?

»Ich schreibe ein Buch über medial begabte Kinder, und ich habe gehört, dass es hier in Bulgarien besonders viele davon geben soll. Insbesondere suche ich nach einem Jungen namens Marco, der in diesen Dingen außerordentlich begabt ist. Wissen Sie irgendetwas darüber oder wo ich nach diesem Jungen suchen könnte?«

Er sah erst verwirrt aus, als ob er das Gesagte kaum verstünde. Dann lächelte er wieder und sagte: »Mediale Kinder...das ist sehr ungewöhnlich. Ich glaube nicht, dass ich schon mal davon gehört habe.« *Er lügt, ich fühle es.* »Und von diesem Jungen, den Sie erwähnten, Marco, von dem habe ich auch noch nie etwas gehört. *Das stimmt, er weiß wirklich nichts von Marco, aber er weiß etwas über die Kinder.* »Wo in Bulgarien soll er denn leben?«

Ich weiß es leider nicht«, sagte ich. »Ich muss jemanden finden, der mich zu ihm führen kann. Falls Sie jemanden kennen...«

»Das könnte schwierig werden, denn hier spricht man über solche Dinge nicht.« *Weil man sich fürchtet oder nicht darüber sprechen darf.* »Vielleicht gehen Sie mal in eine Kirche und fragen dort.«

»Warum denn in eine Kirche?«

»Die wissen manchmal mehr...ich weiß auch nicht.«

»Sie sagten, man spricht hier nicht über diese Dinge«, fuhr ich fort. »Warum? Fürchten sich die Menschen davor, solche Dinge wie übersinnliche Kräfte beim Namen zu nennen?«

»Fürchten ist nicht das richtige Wort«, sagte er in angespanntem Ton. »Vielleicht wollen die Leute einfach nicht darüber reden. Vielleicht könnte es sie in Schwierigkeiten bringen.«

Ich spürte, dass er etwas sagen wollte, ohne es auszusprechen. Auf jeden Fall war klar, dass er etwas wusste, aber nicht wagte, es offen auszusprechen. Ich spürte deutlich, dass er durchaus bereit war, zu reden, ich musste ihm nur irgendwie ein Gefühl der Sicherheit vermitteln.

»Wie steht die Regierung zu diesen Dingen?«, fragte ich. »Ist sie dagegen?«

»Ich glaube, die Regierung befasst sich nicht gerne mit solchen Sachen.« *Jetzt kommen wir weiter, ich kann spüren, dass er sich öffnet.* »Ich weiß nicht, ob sie sich davor fürchtet, aber sie ist auf jeden Fall äußerst vorsichtig. Wir haben mit solchen Sachen schlechte Erfahrungen gemacht, und seit dem Kommunismus lässt man sich nur äußerst zögerlich auf so etwas ein. Die Regierung will schließlich die Bevölkerung kontrollieren und das ist schwierig, wenn jemand mediale Tricks beherrscht.«
»Warum sagen Sie ›Tricks‹? Glauben Sie nicht daran...«
»Oh, doch, ich glaube schon daran. Ich sage Trick nur, weil manche Leute es so sehen. Ich kannte mal ein kleines Mädchen, das war so ein Kind, wie Sie erwähnt haben. Sie war noch so klein, doch sie...« Er verschließt sich wieder, er hat das Gefühl, schon zu viel gesagt zu haben. »Aber das ist nicht so wichtig. Sehen Sie, hier sind wir schon am Hotel!«
Ich hatte von der Gegend nichts mehr wahrgenommen, seit wir den Flughafen verlassen hatten, ich war ganz mit dem Gespräch beschäftigt gewesen. Jivco parkte den Wagen vor dem Eingang und öffnete die Tür. Bevor er ausstieg, wandte er sich noch mal zu mir.
»Ich will nur sagen, dass es keine gute Idee ist, überall von diesen Dingen zu sprechen. Es regt die Leute zu sehr auf. Ich empfehle Ihnen, sehr gut darauf zu achten, wem gegenüber Sie etwas davon verlauten lassen, während Sie hier sind.«
»Warum haben Sie Angst?«
Er schaute mich an und seine Augen waren so dunkel, dass es mich erschreckte.
»Sie sind es, der Angst haben sollte, nicht ich.«
Bevor er abfuhr gab ich Jivco noch meinen Namen, für den Fall, dass er seine Meinung ändern und mir mehr erzählen wollte. Obwohl er mir geraten hatte, meine Nachforschungen abzubrechen, fühlte ich mich doch schon mitten drin. Die Gabe kribbelte in mir, als hätte ich sechs Tassen Kaffee getrunken, und gleichzeitig fühlte ich mich völlig klar. Es ging mir wie einem Bluthund, den die gerade aufgenommene Witterung vorwärts treibt. Ich war erst seit einer Stunde in Bulgarien und schien schon eine heiße Spur von Marco zu haben.
Ich ging in mein Hotel und ließ mir ein Zimmer geben. Der Mann am Flughafen hatte Recht gehabt, es war alles sehr ordentlich und

fast neu. Ich fuhr mit dem Fahrstuhl in den vierten Stock und ging nach links den Flur entlang. Auf halbem Weg zu meinem Zimmer wurde plötzlich alles um mich herum dunkel. Ich ließ meine Taschen fallen und stützte mich an der Wand ab, während ich auf die Knie sank. Ich fühlte mich einer Ohnmacht nahe, doch ich saß ungefähr eine Minute lang da, ohne bewusstlos zu werden, aber auch ohne dass ich mich besser fühlte. Zum Glück kam niemand vorbei, so konnte ich mich einigermaßen entspannen. Plötzlich vernahm ich ein Geräusch. Es fing mit einem kaum wahrnehmbaren Vibrieren an und wurde dann zu einem deutlichen, tiefen Summen. Ich legte meine Hände auf den Boden, um vielleicht zu spüren, wo das Geräusch herkam. Der Flur drehte sich vor meinen Augen und das Summen wurde lauter, bis alles genauso plötzlich aufhörte, wie es angefangen hatte. Ich blieb noch ein Weilchen dort auf dem Boden sitzen und wunderte mich. Ich hatte auch irgendwie das Gefühl, nicht allein zu sein, beobachtet zu werden. Es war kein Mensch, doch die Gabe sagte mir deutlich, dass da etwas war. Aber wo und warum? Was wollte es von mir und warum ließ es mich hier mitten im Flur fast in Ohnmacht fallen?

Ich stand auf und ging langsam zu meinem Zimmer. Alle meine Sinne waren angespannt. Ich begegnete niemandem, doch ich konnte mich des Gefühls nicht erwehren, dass dies erst der Anfang einer langen Reihe von unangenehmen Erfahrungen sein würde. Irgendetwas wollte mich nicht hier haben, wollte nicht, dass ich Marco finde, und ich wusste nicht, was dahintersteckte. Was auch immer es war, es versteckte sich im Schatten und lauerte darauf, mir so viel wie möglich von meiner Seele zu rauben. Ich musste sehr vorsichtig sein und nichts als selbstverständlich betrachten. Ich hatte eine lange Woche vor mir.

Ich richtete mich in meinem Zimmer ein und schaltete den Fernseher an, in der Hoffnung etwas zu finden, was mich wach halten würde, bis es halbwegs Schlafenszeit war. Man überwindet den Jetlag am besten, indem man so schnell wie möglich die alte Zeit vergisst und sich auf die neue Zeit umstellt. Ich wollte es schaffen, bis mindestens acht oder neun Uhr bulgarische Zeit wach zu bleiben, hatte jedoch während des Fluges kein Auge zugemacht, und das machte mir jetzt zu schaffen. Ich wollte so gerne schlafen, mich ins Traumland flüchten, wo es keine verbogenen Löffel,

keine verängstigten Taxifahrer, keine medialen Kinder und kein Bulgarien gab. Ein kleines Nachmittagsschläfchen konnte allerdings eine lange, schlaflose Nacht nach sich ziehen, also galt es, durchzuhalten.
So saß ich in meinem Zimmer und versuchte, mich wachzuhalten. Das unangenehme Gefühl war immer noch da, doch ich war zu müde, um mich damit auseinanderzusetzen. Rührte mein Unwohlsein nur daher, dass ich mich in einem, meiner Heimat so unähnlichen, fremden Land befand, oder lauerte da draußen wirklich etwas auf mich? Und wenn, was könnte es sein? Ich war hierher gekommen, um Marco zu finden, um zu lernen – keine Ahnung, was ich eigentlich lernen wollte. Mir wurde zum ersten Mal klar, dass ich eigentlich nicht genau wusste, was ich hier wollte, außer dass Marco eine Schlüsselrolle in dem spielte, was mir die letzten Monate widerfahren war und dass er mir würde sagen können, was ich damit anfangen sollte. Ich hatte inzwischen fast völlig aufgehört, die Gabe anzuwenden. Schon bei dem Gedanken daran tat mir der Kopf weh.
Marco hatte mich hierher gebracht, das war das Einzige, was ich mit Sicherheit sagen konnte. Die Träume kehrten in mein Bewusstsein zurück und ich erkannte, dass ich keine echte Alternative gehabt hatte. Ich war nach Bulgarien gekommen, aus welchem Grund auch immer und ich hoffte nur, der Grund würde mich finden. Ich hoffte, dass ich nicht meinen Verstand verloren hatte und dass da wirklich etwas war, was mich führte und was mir irgendwann helfen würde, alles zu verstehen. Ich wollte nicht unverrichteter Dinge nach Hause zurückkehren. Irgendetwas musste einfach passieren und ich hatte den Verdacht, dass es bereits im Gange war.
Ich entschloss mich, das Hotel zu verlassen und die Gegend zu erkunden. Es war halb sieben Uhr abends und der Himmel verdunkelte sich langsam. Eine dünne Wolkendecke verlieh der Luft eine gewisse Schwere, die zu der Szenerie passte. Ich ging nach rechts den Maria Louiza Boulevard entlang in Richtung Zentrum. Ehemals kommunistische Städte sind von einer gewissen Energie geprägt, einer trägen Unbeweglichkeit. Die Gebäude sehen aus wie Erinnerungen, die jemand in einen Schrank gestopft und dort vergessen hat. Sie haben fast alle die gleiche Farbe, ein schäbiges, staubiges Braun, von dem der Putz bröckelt. Es gibt keine wirkliche

Architektur, nur Ansätze von uninspirierten Linien und Formen. Ein ähnliches Gefühl beschleicht einen, wenn man den Menschen in die Augen schaut. Ich habe in Bulgarien selten hübsche Gesichter gesehen, nur den harten Ausdruck von Menschen, die viel durchgemacht haben. Viele der Frauen trugen blondgefärbtes Haar, als wollten sie vergessen, wo sie lebten. Die meisten waren dünner als gesund ist und ihr Lächeln war ein bisschen zu breit. Was blieb ihnen auch übrig? Unter der Oberfläche lag jahrelanges Leiden und Elend, doch sie lächelten und hofften, dass sich ihre tieferen Sehnsüchte nicht verrieten.

Ich überquerte einen kleinen Fluss, der sich durch die Stadt wand, und gelangte ins Zentrum von Sofia. Ein paar Autos fuhren hupend vorbei, aus denen gut angezogene, kreischende Jugendliche hingen. Wahrscheinlich feierten sie gerade ihren Schulabschluss. Einen Augenblick lang dachte ich, dass sie genauso aussahen wie alle Jugendlichen. Es war das einzige Mal in meiner Zeit in Bulgarien, dass ich so etwas wie Freiheit und Freude sah. Manchmal fuhren fünf Wagen hintereinander und die Leute blieben auf den Gehwegen stehen und schauten still zu. Ich stellte mir vor, dass sie sich daran erinnerten, wie sie selbst einmal jung waren und es mit ihrer heutigen Situation verglichen. Als die Autos vorüber waren, sank ihr Blick wieder zu Boden.

Die Cafés waren voll besetzt und der Geruch von Bier hing wie Weihrauch in der Luft. Es dämmerte, die Schatten der Gebäude wurden länger und die Strassen füllten sich mit hupenden Autos und lachenden Menschen. Das beginnende Wochenende war wie der Lichtschimmer am Horizont, der die Dunkelheit der vergangenen Woche vergessen machte. Es gab den Menschen die Möglichkeit fortzulaufen und sich vor ihrer Verzweiflung und Hoffnungslosigkeit zu verstecken, ohne je von ihren Stühlen aufzustehen. Vielleicht war all das nur meine Einbildung, vielleicht schnappte ich aber auch umherfliegende Gedanken auf. Auf jeden Fall waren meine Kopfschmerzen wiedergekehrt und wurden mit jeder Minute stärker.

Ich wollte zurück zum Hotel gehen und mich ausruhen. Ich brauchte einfach acht Stunden Schlaf und eine Pause von dem Gefühl, dass ich vielleicht etwas falsch verstanden hatte, als ich mich entschloss, nach Bulgarien zu fahren. Würde irgendjemand, der bei Sinnen ist, kurzfristig einen Flug in ein fremdes Land buchen, ohne einen Plan oder Anhaltspunkt, um nur mit Hilfe seiner Intuition ein Kind zu finden, das vielleicht noch nicht einmal existierte? Ich war so übermüdet, dass ich anfing, alles in Zweifel zu ziehen, was mir die letzten paar Monate widerfahren war. Alles war auf diese Reise hinausgelaufen, diese irrwitzige Spritztour an einen Ort, mit dem ich nichts zu tun hatte. Auf meinem Rückweg zum Hotel säumten Prostituierte meinen Weg und machten mir unverständliche und doch unmissverständliche Angebote. Was wollte ich hier eigentlich? Warum war ich hier und was würde ich finden? An diesem ersten Abend hatte ich deutlich mehr Fragen als Antworten.

Am nächsten Morgen wachte ich um sieben Uhr auf und freute mich an dem Sonnenlicht, das durch das Fenster fiel. Es war ein hübsches Zimmer, und wenn sonst nichts geschah, könnte ich einfach hier bleiben und CNN gucken, bis es Zeit war, nach Hause zu fliegen. Dann wäre wenigstens alles vorbei und ich bräuchte nicht mehr darüber nachzudenken. Aber die Kopfschmerzen! Als ich mich im Bett aufsetzte, waren sie zu meiner Überraschung immer noch da, stärker als zuvor. Meine Intuition sagte mir, dass das bedeutete, dass ich mich etwas näherte, ich hatte jedoch keine Ahnung, was. Auch wenn es schwierig werden würde, mir blieb nichts anderes übrig, als die Leute nach Marco oder den medialen Kindern zu fragen, trotz Jivcos Warnung. Vielleicht fürchteten sie sich davor, darüber zu sprechen, vielleicht war es auch gefährlich, doch je schneller ich an Informationen kam, desto schneller würde ich wieder abfahren können. Ich brauchte auf den nächsten Schritt nicht lange zu warten.

Ich ging nach unten zum Frühstück, das im Preis inbegriffen war. Die Auswahl beeindruckte mich, aber ich hatte keinen Hunger. Ich aß ein paar Eier und trank einen Kaffee, dann ging ich zurück in mein Zimmer, um meinen Tag zu planen. Als ich die Tür öffnete, fand ich einen kleinen, gefalteten Zettel auf dem Boden. Irgendjemand hatte ihn offensichtlich unter der Tür durchgeschoben. Ich setzte mich damit auf mein Bett und erwartete, dass er in einer mir unverständlichen Sprache geschrieben sein würde. Doch er war auf Englisch verfasst und oben auf dem Blatt stand mein Name.

»Mr. Twyman, ich weiß, wonach Sie suchen und kann Ihnen vielleicht helfen. Wenn Sie Informationen über diese Kinder haben möchten, treffen Sie sich mit mir heute um zwölf Uhr bei Kiril & Metodi. Ich werde Ihnen alles erzählen, was Sie wissen wollen. Kommen Sie allein.«

Es gab keine Unterschrift. Wie konnte irgendjemand wissen – es sei denn, Jivco hatte etwas damit zu tun. Er war der einzige Mensch, mit dem ich über die Kinder gesprochen hatte. Genau genommen war er der einzige Mensch, mit dem ich überhaupt gesprochen hatte, seit ich in Sofia angekommen war. Die Nachricht hatte eine Energie, die ich nicht mochte, und meine Kopfschmerzen wurden schlimmer, während ich den Zettel in der Hand hielt. Ob es sicher war, zu dieser Verabredung zu gehen – oder war es eine Falle? Ich erhielt keine weiteren Informationen, nur ein Gefühl höchster Vorsicht. Ich wusste sowieso, dass ich hingehen würde. Ich musste hingehen, denn es konnte der einzige Faden sein, den ich zu fassen bekam, und er war mir in den Schoß gefallen.

Ich ging nach unten in die Hotelhalle, um herauszufinden, was Kiril & Metodi war. Hinter dem Tresen stand eine junge Frau, sonst war niemand zu sehen.

»Hallo«, sagte ich und ließ ihr einen Moment Zeit, in die fremde Sprache zu schalten. »Ich wollte fragen, ob Sie mir helfen könnten.«

»Ich will es gerne versuchen.«

»Ich habe heute Mittag eine Verabredung, aber ich weiß nicht, wo sie ist.« Ich hatte den Namen auf ein Stück Papier geschrieben, das ich ihr zeigte. »Hier ist der Name, Kiril & Metodi. Vielleicht ist es ein Restaurant oder ein Hotel. Kennen Sie es?«

Sie schaute ein Weilchen auf den Zettel und sagte dann: »Das sind die Namen von zwei bulgarischen Heiligen, aber ich weiß nicht, ob es Restaurant gibt, das so heißt. Einen Augenblick bitte.«

Sie wandte sich an einen Mann, der gerade hinter den Tresen gekommen war. Sie sprachen eine Weile auf Bulgarisch und er schaute auf den Zettel. Dann wandte sich der Mann mir zu und sagte:

»Ich glaube, dass es sich um eine Kirche handelt. Ungefähr zwei Blocks von hier gibt es eine kleine Kirche namens Kiril & Metodi. Ich kenne in Sofia keinen anderen Ort dieses Namens, es muss also dort sein. Möchten Sie eine Karte haben, damit Sie es leichter finden können?«

Ich bejahte und er zeigte mir auf einer kleinen Karte den Weg. Die Kirche war wirklich nicht weit weg, an einer Straße, die für ihren Markt berühmt war. Perfekt, dachte ich mir. Da würden Hunderte von Menschen sein und niemand würde uns bemerken. Doch warum wollte dieser Mensch, wer auch immer es war, mir seine Informationen nur in einer Kirche geben? Ich war sicher, das hier war mein nächster Schritt. Mein pochender Schädel bestätigte es mir. Ich hatte noch zweieinhalb Stunden Zeit bis zu dem Treffen, ich konnte mich also vorbereiten, auf was auch immer.

Ich benutzte die Karte, um die kleinen Nebenstraßen zu finden, die zur Kirche führten. Das Problem war nur, dass ich die Bezeichnungen auf meiner englischsprachigen Karte nicht in Beziehung zu den kyrillisch geschriebenen Straßenschildern setzen konnte. Ich folgte der Karte Block für Block so gut es ging und konnte tatsächlich nach einer Weile den Markt sehen. Ich bemerkte auch die Rückseite eines Gebäudes, das wie eine Kirche aussah, doch das konnte unmöglich unser Treffpunkt sein. Ein hoher Zaun umgab das Gelände, das verwildert und verlassen wirkte. Die ganze Gegend erschien mir merkwürdig als Treffpunkt, es sei denn, man hätte sie genau deswegen ausgesucht. Mein Kopf dröhnte und ich überlegte, umzukehren. Die ganze Situation fühlte sich nicht gut an, aber hatte ich eine Alternative? Jetzt umzukehren käme einer Niederlage gleich, und ich würde Marco nie finden. Selbst in dem unwahrscheinlichen Fall, dass ich in eine Falle lief, blieb mir nichts anderes übrig, als es zu riskieren.
Warum wurden die Kopfschmerzen jedes Mal stärker, wenn ich dem Ende meiner Suche näher zu kommen schien? Sie ließen manchmal eine Stunde oder so nach, doch sobald meine Gedanken zu dem Zweck meiner Reise zurückkehrten, waren sie in ihrer ganzen Kraft präsent. Noch schlimmer waren sie, wenn die Gabe aktiv war, wenn ich zum Beispiel an jemandem vorbei ging und plötzlich in die Person »hineinsprang«, wie es Marco einst genannt hatte. Ich sah dann Dutzende von Fernsehbildschirmen vor meinem inneren Auge, die sich wie eine Vision über meine normale Sicht legten. Ohne bewusste Anstrengung konnte ich in einen der Bildschirme hineinspringen und sah dort alles wie in einem Film. Ich erfuhr Dinge über die Person, die ich unmöglich wissen konnte, und doch war es alles so klar und deutlich, als

würde ich es miterleben. Gestern Abend war es dreimal geschehen, während ich durch die Straßen ging, und an diesem Tag schon zweimal. Ich lernte, wie ich den »Film« anhalten konnte, wenn ich drin war, aber ich wusste nicht, wie ich es vermeiden konnte, hineinzugeraten.
Ich ging zur Vorderfront der Kirche, wo auch der Marktbereich anfing. Die Straße war für den Verkehr gesperrt und auf dem Mittelstreifen standen Hunderte von Karren und Verkaufsständen, voll mit Obst und Gemüse. Ein Stückchen weiter kam eine Strecke, wo nur Kleidung verkauft wurde. Es war alles gut organisiert, nur der Standard war deutlich niedriger als das, was ich gewöhnt war. Die Straße war voller Menschen, deren Gesichter hart und rauh aussahen. Es dauerte eine ganze Weile, bis ich mich durch die Menge zur Kirche durchgearbeitet hatte.
Ich drängelte mich vor der Kirche zwischen zwei Ständen hindurch und stand plötzlich in einer anderen Welt. Neben der weitgeöffneten Tür, durch die der Duft von altem Weihrauch nach außen drang, saßen fünf oder sechs Menschen ruhig auf Bänken. Im Gegensatz zur Rückseite der Kirche war hier alles sehr gut erhalten und gepflegt. Ich schaute mich um und fragte mich, wie ich die Person wohl erkennen würde, die ich hier treffen wollte. Von den Leuten, die dort auf den Bänken saßen, schien sich keiner für mich zu interessieren. Ich stand einen Augenblick lang da und ging dann hinein.

Die Kirche war klein, doch voller Geschichte. Überall hingen dunkle Ikonen an den Wänden. Alte Frauen gingen herum, zündeten Kerzen an und sagten ihre Gebete. Auf dem Hauptaltar standen mindestens acht Ikonen, mit Jesus und Maria in der Mitte. Vor dem Allerheiligsten hing wie in jeder orthodoxen Kirche ein Vorhang, er war geschlossen. Ich schaute mich wieder um und sah zwei Mönche, die in der Nähe der Türe Heiligenbilder und Kerzen verkauften. Sie blickten misstrauisch zurück und wandten sich dann ab. Ich begann mich zu fragen, ob dies wohl der richtige Ort war oder ob es noch ein anderes Kiril & Metodi gäbe.

»Mr. Twyman?«, ertönte eine Stimme hinter mir. Ich drehte mich um und sah einen Mann mittleren Alters mit schwarzem Filzhut und hellem Anzug. Er lächelte und ging mit ausgestreckter Hand auf mich zu. »Bitte entschuldigen Sie, dass ich zu spät komme, aber ich hatte noch eine andere Verabredung. Mein Name ist Alexander Minez, und ich freue mich, Ihre Bekanntschaft zu machen.«

»Danke sehr«, sagte ich. »Sollen wir zum Reden nach draußen gehen?« Er nickte.

Während wir gemeinsam hinaus ins Licht gingen, fuhr mir der Schmerz wie ein Blitzschlag durch den Kopf und ich verspürte den gleichen Schwindel wie am Tag zuvor im Hotel. Es verging gleich wieder und ich sah mir den Mann noch einmal an. Sein Gesicht wirkte hart und vorzeitig gealtert. Er hinkte etwas, sein Oberkörper war etwas nach links geneigt und ich fragte mich, was für eine Verletzung so eine Behinderung nach sich ziehen könnte. Seine Augen waren ungewöhnlich ruhig, fast wie ich es zuvor bei Mönchen gesehen hatte. Doch dahinter lag noch etwas anderes, was auch die oberflächliche Ruhe nicht völlig zu verbergen mochte. Etwas Dunkles lag unter der Oberfläche wie ein Hai, der auf seine Beute lauert. Es war eine merkwürdige Kombination und ich wusste nicht, ob das Ruhige oder das Lauernde die stärkere Realität war. Ich wusste nur, dass mein Kopf schmerzte wie verrückt.

»Ich habe offensichtlich Ihre Botschaft erhalten«, sagte ich, »und ich bin neugierig, warum Sie mich hergebeten haben.«

»Ihre Neugier soll befriedigt werden«, erwiderte er. »Sofia ist eine ziemlich kleine Stadt im Vergleich zu New York oder Chicago. Neuigkeiten sprechen sich schnell herum. Ich habe gehört, dass ein junger Amerikaner nach den übersinnlich begabten Kindern sucht, die wir hier in Bulgarien haben. Ich glaube, dabei handelt es sich um Sie, stimmt das?«

»Ja, das stimmt«, erwiderte ich und versuchte immer noch, mit Hilfe der Gabe hinter seine Fassade zu schauen und seine Absicht zu erkennen. Doch er war wie eine dicke Wand, die ich nicht durchdringen konnte. »Ich recherchiere für ein Buch und würde einige dieser Kinder gerne interviewen, vor allem einen zehnjährigen Jungen namens Marco. Haben Sie irgendwelche Informationen über diese Kinder, die mir nützlich sein könnten?«

»Ich hoffe, dass wir einen Weg finden können, uns gegenseitig zu helfen«, sagte er. »Ich bin an diesen Kindern auch sehr interessiert und habe schon viele kennengelernt. Ich könnte Sie vielleicht in die richtige Richtung führen, wenn Sie bereit wären, uns

das mitzuteilen, was Sie erfahren.« *Da ist es, das Gefühl von Misstrauen. Er will mehr von mir als er zugibt, weit mehr.* »So würden wir beide das bekommen, was wir wollen.«
»Und was wollen Sie?«, wollte ich von ihm wissen.
»Diese Kinder sind etwas ganz Besonderes, aber das wissen Sie ja bereits. Wir können viel von ihnen lernen, daran liegt mir, ich will lernen.« *Vielleicht lernen, wie die Kinder funktionieren, damit Sie es für Ihre eigenen Zwecke einsetzen können.* »Sie empfinden sicherlich genauso, sonst wären Sie nicht so weit gereist.«
»Ja, ich bin weit gereist und ich will von ihnen lernen«, erwiderte ich. »Wie meinen Sie denn, mir helfen zu können?«
»Wenn Sie die Kinder gefunden haben, kann ich Ihnen die Möglichkeit verschaffen, sie zu untersuchen, ich kann Ihnen alles bereitstellen.«
»Untersuchen?«
»Ja, das wollen Sie doch, oder? Sie haben gesagt, Sie sind Schriftsteller und wollen diese Kinder erforschen.«
»Und wie können Sie mir diese Dinge verschaffen?«, wollte ich wissen. »Arbeiten Sie für die Regierung?«
»Ich verfüge über einen gewissen Einfluss.« Sein Lächeln zeigte eine Reihe halbverfaulter Zähne. »Ich stehe mit anderen Leuten in Bulgarien in Verbindung, die an diesen Kindern interessiert sind.«
»Aber Sie kommen nicht an sie ran und dazu brauchen Sie mich«, sagte ich. »Darauf läuft es doch hinaus, oder?«
»Wie gesagt, habe ich verschiedene Erfahrungen mit diesen Kindern gemacht, doch ich brauche vielleicht Ihre Hilfe, um sie besser zu verstehen. Deswegen brauchen wir einander. Wenn Sie nur auf sich allein gestellt sind, werden Sie kaum die Möglichkeit haben, viel Zeit mit diesen Kindern zu verbringen, aber mit meiner Hilfe wäre das anders.«
Inzwischen war mir klar, was hier gespielt wurde. Ich wusste nicht, wie er mich gefunden hatte, wahrscheinlich durch Jivco, jedenfalls war er der Meinung, durch mich das kriegen zu können, was er eigentlich wollte: Zugang zu den Kindern, vor allem zu Marco. Wusste er von ihm? Mein dröhnender Schädel riet mir, mich von diesem Mann fernzuhalten, koste es, was es wolle. Ich durfte ihm jedoch nicht zeigen, dass ich ihn durchschaute. Wer weiß, über wie viel Macht er verfügte?

»Wenn ich einverstanden wäre, Ihnen zu helfen, dann könnten Sie mir die Bedingungen verschaffen, um diese Kinder zu untersuchen, habe ich das richtig verstanden?«
»Inklusive einem Ort, an dem Sie das tun können. Manchmal ist es ziemlich schwer, diese Kinder zu finden, wissen Sie. Dabei könnten Sie uns helfen.«
Ich wusste plötzlich, warum sie so schwer zu finden waren: Weil dieser Mann hinter ihnen her war. Wer weiß, wo er herkam und was er im Schilde führte. Wollte er diese Kinder kontrollieren oder vernichten? Es war durchaus möglich, dass die Regierung sich vor den Fähigkeiten dieser Kinder so sehr fürchtete, dass sie sie aus dem Weg räumen wollte. Es wäre nicht das erste Mal, dass eine Regierung versucht, das zu vernichten, was sie nicht versteht. Aber wahrscheinlicher war es, dass sie diese Kinder benutzen wollten, um Macht und Reichtum zu gewinnen. Wie auch immer, ich wollte ihm nicht dabei helfen, doch das konnte ich nicht offen aussprechen. Ich fühlte mich wie einer der drei Weisen aus dem Morgenlande, die von Herodes gebeten werden, ihn zum Jesuskind zu führen, und genau wie sie, hatte ich nicht vor, in die Falle zu gehen.
»Ich weiß nicht, ob ich überhaupt Glück haben werde. Sagen Sie mir doch auf jeden Fall, wie ich mit Ihnen Kontakt aufnehmen kann.«
»Ich habe ein sehr gutes Gefühl hierbei«, meinte er und zeigte wieder seine verfaulten Zahnstümpfe. »Ich glaube, Sie werden selbst überrascht sein, Mr. Twyman. Und am Ende wird jeder von uns das haben, was er wollte.«

Während ich zum Hotel zurückging, überdachte ich unser Gespräch noch einmal und überlegte, wie ich Alexander Minez in Zukunft aus dem Weg gehen könnte. Würde ich mit der Sache so einfach fertig werden? Ich wusste immer noch nicht, worin seine eigentliche Absicht im Hinblick auf mich und Marco bestand. Ich wusste nur, dass ich mich nicht von ihm benutzen lassen wollte, um irgendjemanden ausfindig zu machen. Ich hatte vor, Marco zu finden und von ihm zu lernen, ohne dass irgendjemand davon erfahren sollte.
Ich war sauer. Minez hatte den Schurken gespielt, als hätte er zu viele Humphrey Bogart Filme gesehen. Wusste er nicht, dass

der Bösewicht in diesen Filmen am Ende immer verliert? Warum hatte er keine schöne Frau für diese Aufgabe ausgesucht, jemanden, der mich verführt und so von der eigentlichen Absicht abgelenkt hätte. So fühlte ich mich geradezu beleidigt.
Es war klar, dass ich sofort das Hotel verlassen musste. Ich hatte zwar keine Ahnung, wo ich hingehen oder wo ich Marco finden sollte, aber ich musste untertauchen, mich ins Hinterland zurückziehen. Vielleicht würde ich verfolgt werden. Es war unwahrscheinlich, dass Minez glaubte, mich mit seiner List getäuscht zu haben. Wenn er so naiv war, dann würde es ein Leichtes sein, ihm zu entkommen. Doch wahrscheinlich wurde ich vorsichtshalber beschattet. Ich schaute mich um und merkte mir jedes Auto und jede Person, die ich sah. Ich war wütend und fühlte mich in meiner Mission gestört.

Dann tauchte Marco in mir auf. Wie aus einem Traum Botschaften zu den Lebenden herüberschweben, so kehrte plötzlich und unerwartet die Erinnerung an jenen Traum zurück, in dem ich mich mit Marco über die wahre Botschaft der *Kinder von Oz* unterhalten hatte. Sie seien hier, um eine einfache Frage zu stellen, damit die Menschen die Antwort leben würden. Der Traum durchflutete meinen Geist und ich spürte, wie sich alles veränderte.
»Was würdest du tun, wenn du jetzt und hier wüsstest, dass du ein Abgesandter der Liebe bist? Fang an!«
Was würde ich tun? Was würde ich in genau diesem Augenblick tun? Das war doch die Frage, was würden wir tun, wenn es nicht leicht ist, ein Abgesandter der Liebe zu sein? Offen und liebevoll mit jemandem umzugehen, der uns liebt, ist eine Sache, doch wenn jemand versucht, uns zu verletzen oder zu hintergehen, was tun wir dann? Sind wir bereit, hinter den Angriff zu schauen und die Wahrheit in dem Menschen zu erkennen? Sind wir bereit, diesen Menschen zu lieben, trotz seiner Angst, trotz unserer eigenen Angst? Und Minez? Wenn etwas an Marcos Botschaft dran war, dann galt sie auch für Minez. Ich schaute mich wieder um, ob ich verfolgt würde. Und wenn ich jemanden entdecken würde, der mir wie ein Schatten folgt und dabei versucht, möglichst unauffällig zu wirken? Würde ich mich wie ein Abgesandter der Liebe verhalten oder verängstigt davonlaufen?

Die Straße war voller Passanten, aber ich sah niemanden, der meine Schläfen zum Pochen gebracht hätte. Nichtsdestotrotz wusste ich, dass es Zeit für mich war, auf's Land zu fahren und mich auf die Gabe, auf meine Intuition zu verlassen, um Marco zu finden.

Als ich im Hotel ankam, wartete zu meiner Überraschung Jivco in der Halle auf mich. »Sie haben offensichtlich mit jemandem über mich geredet«, sagte ich zu ihm, ohne stehen zu bleiben.

»Wie meinen Sie das?«, fragte er. »Ich bin hier, weil ich Informationen für Sie habe.«

»Was ich meine ist, dass ich gerade von einem Treffen mit Alexander Minez komme, einem Mann, mit dem ich lieber nichts zu tun hätte, und er wollte, dass ich ihn zu den medialen Kindern bringe. Wie konnte er etwas über mich wissen, wenn Sie nichts erzählt haben?«

»Ich habe mich umgehört, das stimmt, aber diesen Mann kenne ich nicht.« *Er sagt die Wahrheit.* »Ich dachte, ich könnte Sie in die richtige Richtung führen, also habe ich ein paar Erkundigungen eingezogen. Vielleicht hat jemand, mit dem ich gesprochen habe – ist auch egal. Ich habe jedenfalls etwas, was ich Ihnen erzählen will.«

»Ich weiß nicht, wem ich hier noch glauben soll.« Das war gelogen, ich wusste genau, wem ich nicht trauen konnte und fing an, Jivco für zuverlässig zu halten.

»Ich kann Ihnen nichts Genaues sagen«, fing er an. »Aber wenn Sie hören wollen, was ich weiß, kostet Sie das fünfzig Dollar.«

Ich schaute ihn an und überlegte, ob er mich reinlegen wollte. Wenn er mir nur was vormachen wollte, um ein paar Kröten zu verdienen, dann fing er seine Sache schlecht an. Er hätte mehr Geld verlangen sollen und so tun, als ob er genau wüsste, wo sich die Kinder befinden. Wenn ich erst mal die Stadt verlassen hätte, würde ich ihn nie mehr wiederfinden. Ich kam zu der Überzeugung, dass er nur versuchte, ein bisschen was zu verdienen, und wenn seine Informationen mir nützlich waren, dann sollte er seine fünfzig Dollar gerne haben.

»Also gut«, sagte ich zu ihm. »Was wissen Sie?«

»Zunächst einmal hatte ich Recht, was die Regierung betrifft. Sie sind sehr an den Kindern interessiert, weil sie sie für eine wertvolle Ware halten. Man könnte sie ausbilden und an andere Länder als Spione verkaufen. Stellen Sie sich einmal vor: Eine

Armee von übersinnlich begabten Kindern, die alles können, die Gedanken des Gegners lesen oder ihn verrückt machen. Das ist vielleicht die Kriegsform der Zukunft. Diese Kinder spielen dabei eine zentrale Rolle, weil ihre Fähigkeiten außergewöhnlicher sind als alles bisher Bekannte.«
»Wir sind hier in Bulgarien«, wand ich ein, »nicht in den Vereinigten Staaten oder in Russland. Wie kommen Sie darauf, dass man an so etwas hier Interesse haben könnte?«
»Diese Kinder sind wie ein wertvoller Rohstoff. Man hat so viele davon hier entdeckt, auch in Serbien und Rumänien. Vielleicht gibt es sie überall auf der Welt, keine Ahnung. Unsere Regierung glaubt jedoch, dass sie die Kinder kontrollieren und mit ihnen Geld machen kann. Darum geht es: Geld.«
»Sie glauben also, dass die Regierung mich dazu benutzen will, sie zu den Kindern zu führen, um sie zu kidnappen und in Versuchslabors einzusperren. Das klingt mir ein bisschen zu abenteuerlich.«
»Warum sind Sie dann hier?«, gab er zurück. »Sie wissen offensichtlich, wozu diese Kinder in der Lage sind, sonst hätten Sie die weite Reise nicht gemacht. Sie suchen sie aus Ihren Gründen und die Regierung sucht sie aus ihren Gründen.«
»Wenn das stimmt, was Sie sagen, wie kann ich der Regierung dann zuvorkommen?«
»Ich habe gehört, dass es irgendwo in den Pirin Bergen ein Kloster gibt, in dem solche Kinder ausgebildet werden. Es wird sehr geheim gehalten und ich konnte nicht herausfinden, welches Kloster es ist, es gibt dort nämlich einige. Ich glaube jedoch, dass es in der Nähe der Stadt Sandanski liegen muss. Wenn sie dorthin fahren, können Sie vielleicht mehr erfahren. Ich glaube, diese Information ist Fünfzig Dollar wert.«
Er grinste, als hätte er mir gerade einen riesigen Gefallen erwiesen und so war es auch. Meine Intuition sagte mir, dass er mir alles erzählte, was er wusste. Die Frage war, ob es stimmte. Es war jedoch der einzige Faden, den ich in der Hand hatte. Ich musste das Hotel ohnehin verlassen, und zwar so schnell wie möglich. Es war nur eine Frage der Zeit, bis Minez mich beschatten ließ, wenn er es nicht schon tat. Wenn ich sofort abfuhr, konnte mir das einen Vorsprung verschaffen.
»Also gut«, sagte ich, zog meine Brieftasche hervor und reichte

ihm eine Fünfzigdollarnote. »Können Sie mir über dieses Kloster noch irgendetwas sagen?«

»Nein, mehr konnte ich nicht herauskriegen. Ich habe gehört, dass viele Kinder dorthin gegangen sind, um ihre Fähigkeiten prüfen zu lassen, und manche Kinder bleiben dort, um ausgebildet zu werden. Ich glaube, ich habe auch von dem Jungen gehört, nach dem Sie suchen, diesem Marco. Er soll dort auch gelernt haben und hat wohl die stärksten Kräfte gehabt, die man dort je erlebt hat. Er ist etwas ganz Besonderes und wird sorgfältig vor der Regierung versteckt.«

»Das haben Sie gehört?«

»Ich setze dabei verschiedene Informationen zusammen und ziehe meine Schlüsse daraus. Ich bin mir dessen nicht sicher, aber es macht Sinn.«

»Sie haben sich Ihr Geld mehr als verdient«, sagte ich anerkennend.

»Vielleicht hätte ich mehr verlangen sollen.«

»Lassen Sie es sich eine Lehre sein. Stellen Sie immer erst fest, wie wertvoll Ihre Informationen sind, bevor Sie den Preis nennen.«

Ich ging auf mein Zimmer, packte meine Sachen und verließ das Hotel.

KAPITEL DREI

Das Kloster

Auf den Straßen außerhalb von Sofia ging es zu wie im Wilden Westen. Niemand hatte mich vor dem bulgarischen Verkehr gewarnt. Alle Verkehrsregeln sind außer Kraft gesetzt und jeder Augenblick wird zum Abenteuer. Ich war mir nicht ganz sicher, ob der ältliche Ford Escort, den ich gemietet hatte, die Reise überleben würde, ganz zu schweigen von der selbstmörderischen Fahrweise der anderen Autofahrer. Durchgezogene Mittellinien beeindruckten offensichtlich niemanden, genauso wenig wie die Unübersichtlichkeit einer Kurve. Jedes Überholmanöver wurde zum Glaubensbekenntnis und die Hupen der entgegenkommenden Fahrer waren wie alte Priester, die zur Buße aufrufen. Ich hoffte nur, lange genug zu leben, um Marco wieder zu begegnen.

Die Landkarte erwies sich wieder als nutzlos. Ich musste entweder kyrillisch lernen oder mich damit abfinden, dass ich keine Ahnung hatte, wo ich mich befand. Außerhalb der Hotels von Sofia sprach niemand Englisch und so war ich darauf angewiesen, mich mit Handzeichen und den verschiedenen fremdsprachlichen Begriffen, die ich kannte, zu verständigen.

»Pardon, Grazie, Sandanski, Molim, this way?«

Irgendwie machte ich mich begreiflich genug, um auf dem richtigen Weg zu bleiben. Der Begriff Schnellstraße stellte sich als trügerisch heraus. Kurz hinter Sofia wurde sie zweispurig und die klapprigen Busse und Lkws führten zu langen Staus. Alle paar Kilometer musste ich mich in den entgegenkommenden Verkehr stürzen, um nicht in einem Schlagloch zu versinken, immer mit dem Risiko, dass der Gegenverkehr vielleicht gerade das Gleiche tat. Sandanski war 150 km von Sofia entfernt, aber unter diesen Bedingungen konnte mich das vier Stunden kosten.

Als ich um sieben Uhr abends schließlich völlig erschöpft in Sandanski ankam, hatte ich sogar sechs Stunden gebraucht. Die Stadt lag geschützt zwischen verschiedenen Bergzügen, was ihr das beste Klima von Bulgarien eintrug. Der größte Teil der Fahrt war landschaftlich eher langweilig gewesen, doch das schien sich

hier zu ändern. In meinem Reiseführer stand, dass sich hier in der Gegend einige der besten heißen Quellen Europas befanden und Menschen aus vielen Ländern deswegen hier Erholung suchten. Die Stadt hatte die Atmosphäre eines Kurortes. Sie war als Basis für mich ideal, um in den kommenden paar Tagen die Gegend nach dem Kloster abzusuchen. Falls Jivco Recht gehabt hatte und ich mich in der richtigen Gegend befand. Doch meine Intuition und das Summen in meinem Kopf bestätigten seine Informationen.
Ich entschied mich für das zentral gelegene Hotel Sandanski, das einzige einigermaßen ansehnliche Haus am Platz. Im Reiseführer stand, dass zum Hotel auch ein Badebereich gehörte und ich freute mich auf die heißen Quellen. Ich fand einen Parkplatz und trug mein Gepäck hinein. Die Hotelhalle war alt und dunkel, ganz im Einklang mit meiner bisherigen Erfahrung von Bulgarien. Ich hatte das Gefühl, mit jedem Wort, das ich an jemanden richtete, eine Welle von Misstrauen auszulösen und fragte mich langsam, ob es an mir lag oder ob Amerikaner hier so selten waren. Die Damen an der Rezeption verhielten sich genauso, und ich konnte mich nur mit Mühe verständlich machen.
»Ich hätte gerne ein Einzelzimmer für eine Nacht, vielleicht auch länger, wenn die Dinge so laufen, wie ich hoffe«, sagte ich zu der jungen, blonden Frau. Ich schaute auf ihr Namensschild. Es war ein Foto von ihr drauf, auf dem sie sich noch nicht, wie die Hälfte aller Bulgarinnen, die Haare gebleicht hatte. Ihre damals langen, braunen Haare waren jetzt hell und kurz. Nichts wollte so bleiben, wie es ist.
»Einzelzimmer?«, wiederholte sie. »Entschuldigen Sie, mein Englisch ist nicht so gut. Sind Sie allein?«
»Ja, nur ich allein, ein Einzelzimmer genügt.«
»Nur ein Bett?«
»Ja.« Meine Geduld war nach der anstrengenden Fahrt langsam am Ende. »Ein Bett oder was auch immer Sie da haben, es ist ziemlich egal.«
»Wie lange brauchen Sie das Zimmer?« Ihr Blick verriet mir, dass sie kein Wort verstanden hatte. Im Laufe der Jahre habe ich diesen Blick kennengelernt. Der Mund mag zustimmende Worte sagen, doch der Blick verrät etwas anderes und am Ende entsteht meistens Verwirrung.

»Ich brauche das Zimmer für heute Nacht«, sagte ich langsam und deutlich. »Vielleicht länger, ich weiß noch nicht.«
»Heute Nacht und vielleicht länger?«
»Ja, genau.« Endlich schienen wir uns zu verstehen. Ich gab ihr meinen Ausweis und nahm den Schlüssel. Sie lächelte mich an.
»Ich hätte da noch eine Frage«, sagte ich, auch wenn ich mir nicht sicher war, ob eine weitere Unterhaltung eine gute Idee war. »Ich suche nach einem Kloster hier in der Nähe. Gibt es einen Führer oder so etwas über diese Gegend?«
»Ich weiß nicht«, sagte sie, und die Verwirrung kehrte in ihren Ausdruck zurück. »Hier in den Bergen sind viele Klöster, aber meistens weit weg. Ich weiß nicht wo. Es gibt eines, Kloster Roshen, etwa eine halbe Stunde mit dem Auto von hier, das ist das Einzige, das ich kenne.«
Ich spürte nichts, als sie den Namen sagte und beschloss, dass es nicht das Richtige sein konnte. »Vielen Dank«, sagte ich und ging zum Fahrstuhl. Während die Tür zuging, bemerkte ich einen Mann, der in der Halle in einem Sessel saß und der in genau diesem Augenblick seine Zeitung zusammenfaltete. Wahrscheinlich hatte es keine Bedeutung, doch meine Kopfschmerzen kehrten plötzlich mit voller Wucht zurück. Ob er mich beobachtet hatte, ob Minez ihn auf mich angesetzt hatte, damit ich ihn zu den Kindern führte? Wahrscheinlich war ich einfach überspannt und fing an, hinter jeder Ecke schwarze Filzhüte zu vermuten. Ich hatte sehr darauf geachtet, ob mir jemand folgte, als ich Sofia verließ und auch während der Fahrt. Ich hatte niemanden bemerkt, und ich hielt sie nicht für so geschickt, dass sie völlig unbemerkt bleiben konnten. Ich hätte sie nicht unterschätzen sollen.

Ich packte meine Tasche aus und ging dann los, die Stadt zu erkunden. Neben dem Hotel befand sich ein großer Park, durch den ein Bach floss. Alles war gut gepflegt, und auf den Bänken saßen die Menschen im Abendlicht. Die tiefstehende Sonne schien durch die Äste der Bäume und warf lange Schatten. Ich fragte mich, ob dies vielleicht meine letzte Nacht vor meinem Wiedersehen mit Marco sein würde. Ich schaute ein paar Kindern zu, die neben ihren Eltern auf dem Rasen spielten. Ob sie wohl *Kinder von Oz* waren, medial begabte Kinder, wie ich sie suchte? Jivco hatte gesagt, dass viele Kinder in dem Kloster auf ihre Fähigkeiten hin geprüft wurden, und dass nur wenige von ihnen dablieben und ausgebildet wurden. Aber es war zu riskant, Fragen zu stellen. Es würde sich herumsprechen und dann hätte ich Minez auf den Fersen, wenn er nicht ohnehin schon hinter mir her war. Ich musste mich weiterhin auf das verlassen, was mich hierher gebracht hatte, die Gabe.

Ich geriet auf eine belebte Straße mit vielen Restaurants und Bars, voller Menschen, die noch einmal raus wollten, um den Abend zu genießen. Das Wetter war wunderbar, und ich spazierte so durch die Menge und erfreute mich an ihr. Die Energie war hier sehr viel leichter als in Sofia, doch sie ließ weiterhin keinen Zweifel daran, wo ich mich befand. Es wirkte ein bisschen wie das Land des Ritalin, keine extremen Empfindungen, weder Begeisterung noch Verzweiflung. Alle Autos sahen sich ähnlich, alle Häuser und alle Menschen schienen sich auf derselben ökonomischen Ebene zu bewegen. Ich sah niemanden, der besonders arm oder außergewöhnlich reich wirkte. Wenn ich mehr Zeit dort verbracht hätte, wäre ich vielleicht zu einer anderen Perspektive gelangt, doch an diesem Abend entsprach alles diesem Bild.

Irgendwann beschloss ich, umzukehren, um zum Hotel zurück zu gehen. Da sah ich ihn wieder. Er war ungefähr einen Block weit hinter mir, und als ich mich umdrehte, drückte er sich zur Seite, damit ich ihn nicht sähe. Zu spät. Es war derselbe Mann, der in der Hotelhalle gesessen hatte. Ich wusste plötzlich, dass mein Misstrauen berechtigt war. Ich wurde beschattet. Ich ging weiter und behielt ihn seitlich im Auge, ohne ihn direkt anzusehen. Er war in einem Damenbekleidungsgeschäft verschwunden, bis ich an ihm vorüber war. Ein Weilchen später, nachdem ich die Straße überquert hatte, drehte ich mich plötzlich um, als hätte ich hinter mir etwas bemerkt. Da war er wieder und ging in meine Richtung. Jetzt bestand kein Zweifel mehr. Ich war auf meiner Suche nicht allein. Sie wollten die Kinder genau so dringend finden wie ich, vielleicht sogar noch dringender.

Ich lief kreuz und quer die Straße entlang, immer darauf bedacht, ihn im Auge zu behalten. Wenn ich ihn schon nicht loswerden konnte, dann wollte ich ihn lieber in meiner Nähe wissen. Es gibt bei uns ein Sprichwort: »Halte dich nahe bei deinen Freunden, aber noch näher bei deinen Feinden«. Aber war er wirklich mein Feind? Vielleicht sah er das so, vielleicht war er aber auch nur ein drittklassiger Geheimagent, der einfach seinen Job machte. Ob er von den Kindern überhaupt etwas wusste? Wahrscheinlich hatte er einfach nur den Auftrag, mich zu überwachen und Bericht zu erstatten. Was bedeutete, dass Minez wahrscheinlich auch nicht weit war.

Ich bog um eine Ecke und wartete dort darauf, dass er mir in die Arme laufen würde. Wäre er ein Profi, dann müsste er in weitem Bogen um die Ecke gehen, um eine plötzliche Begegnung mit mir zu vermeiden, denn er konnte ja nicht sehen, wo ich war. Es war eine gute Gelegenheit für mich, ihn in näheren Augenschein zu nehmen und ihn wissen zu lassen, dass ich ihn bemerkt hatte. Aber würde das der Sache ein Ende setzen? Wahrscheinlich nicht. Ich musste eher damit rechnen, dass er einfach durch drei andere ersetzt werden würde.

Nach wenigen Sekunden kam er mit seiner Zeitung unterm Arm um die Ecke und stieß frontal mit mir zusammen. Es gab kein Entkommen mehr für ihn. Ich packte ihn in gespieltem Schrecken einen Moment lang am Arm, doch meine Bemühungen waren nichts gegen den blanken Horror, der sich auf seinem Gesicht abzeichnete.

»Entschuldigen Sie«, sagte ich auf Englisch, während ich ihn zur Seite zog und ein wenig länger und fester am Arm hielt, als nötig gewesen wäre. Als ich mich abwandte und weiter zu meinem Hotel ging, blieb ihm gar nichts anderes übrig als mich gehen zu lassen. Zumindest einen Augenblick lang war ich frei. Ich rannte fast den Rest des Weges, obwohl das keinen Unterschied machte. Was in der Hotelhalle auf mich wartete, überrumpelte mich trotzdem.

»Hallo, Mr. Twyman, schön, Sie wiederzusehen.« Es war Minez. Er saß in einem schwarzen Sessel genau gegenüber der Eingangstür, so dass ihm niemand entging, der hinein oder hinaus trat. Die Geheimnistuerei war vorbei, er konnte mir genauso gut offen entgegentreten.

»Ich bin nicht besonders überrascht, Sie hier zu sehen«, begrüßte ich ihn. »Sie sollten Ihre Jungs zurück ins Trainingslager schicken, damit sie vernünftiges Beschatten lernen. Er hätte sich auch ein Schild umhängen können.«

Er lachte und kam auf mich zu. Ich wollte einfach weitergehen, doch er versperrte mir den Weg zum Aufzug. »Ich weiß, sie sind nicht besonders gut in diesen Dingen, aber wir tun so etwas auch selten. Wir sind es nicht gewöhnt, so hartnäckig zu sein.«
»Wer ist ›wir‹?«, wollte ich wissen. »Sie können mir jetzt genauso gut alles erzählen, denn Ihre Geschichte habe ich Ihnen höchstens eine Minute lang abgenommen.«
»Sie haben Recht. Es hat keinen Sinn mehr, Versteck zu spielen. Ich habe nicht angenommen, dass Sie uns freiwillig helfen würden, aber ich wollte es zumindest versuchen, für den Fall, dass Sie nicht so schlau gewesen wären. Sind Sie aber.«
»Vielen Dank für das Kompliment, mich würde aber mehr die wahre Geschichte interessieren. Und dann würde ich gerne schlafen gehen, wenn Sie gestatten.«
»Natürlich, kommen Sie, wir wollen uns setzen, dann erzähle ich Ihnen so viel ich kann.« Er winkte mich zu den Sofas in der Ecke. »Es ist alles viel einfacher, als Sie es sich vorstellen. Ich will Ihnen die Wahrheit sagen und Ihnen dann ein echtes Angebot machen. Mein letzter Versuch ist offensichtlich fehlgeschlagen, diesmal wollen wir ehrlicher miteinander umgehen.«
Ich setzte mich in einen der Sessel und er versank in den dicken, weichen Kissen des Sofas. Ich sah darin einen Hinweis. Vielleicht konnte ich seine Bequemlichkeit für mich nutzen. Ich war nicht wirklich interessiert an dem, was er zu sagen hatte, da wir sowieso unterschiedliche Ziele hatten. Ich musste jedoch so tun, als ob ich mitspielte, bis ich ihn wirklich los war.
»Wie ich schon sagte«, fing er an, »bin ich an den Fähigkeiten dieser Kinder sehr interessiert und ich stehe damit nicht allein. Die Welt ist heutzutage ziemlich durcheinander, und wir müssen erfinderisch mit den Problemen dieser Zeit umgehen. Als es noch zwei Supermächte gab, war die Sache einfach, doch jetzt gibt es nur noch eine, und viele versuchen, sich die besten Plätze zu sichern. Wir Bulgaren müssen in diesem Spiel unsere Trümpfe so gut nutzen wie möglich, und diese Kinder sind ein Trumpf. Es gibt viele Leute, die gutes Geld dafür bezahlen würden, aus den Fähigkeiten dieser Kinder politischen Nutzen zu schlagen. Denken Sie nur an die Möglichkeiten. Das wäre, als ob man sich in den Kopf des Gegners begeben könnte, um ihn dazu zu bringen, zu tun, was man will. Ich glaube, das geht, ich habe es sogar bewie-

sen. Aber wir brauchen noch mehr Beweise und diese Kinder müssen uns dabei helfen.«
»Und was hat das alles mit mir zu tun?«, wollte ich wissen.
»Sie scheinen über Möglichkeiten zu verfügen, das Versteck dieser Kinder zu finden«, fuhr er fort und mahlte zwischen jedem Satz mit den Zähnen. »Wir wissen, dass irgendwo hier in der Nähe ein Kloster ist, doch mit all unseren Mitteln konnten wir es nicht finden. Wer weiß warum, vielleicht sind es die Kinder selbst, die das verhindern. Aber Sie behindern sie nicht, das macht Sie wertvoll für uns. Ich glaube, dass Sie dieses Kloster finden werden und die Kinder, und dann möchte ich, dass Sie mit mir Kontakt aufnehmen. Wir werden uns natürlich gut um die Kinder kümmern, Sie brauchen sich keine Sorgen zu machen. Wir werden auch nichts ohne die Zustimmung der Eltern unternehmen, aber wenn sie hören, dass wir die Kinder brauchen, sind sie sicher einverstanden. Es wird sich für Sie auszahlen, wenn Sie uns helfen, sehr gut auszahlen. Wie gesagt, ich arbeite für ziemlich reiche und mächtige Leute.«
»Woher wissen Sie, dass ich hinter Geld her bin?«, fragte ich. »Vielleicht interessiert mich etwas ganz anderes an dieser Geschichte.«
»Wir tun das alle des Geldes wegen.« Er lachte. »Sie glauben vielleicht, dass Sie aus anderen Gründen hier sind, Mr. Twyman, doch am Ende geht es immer um Macht und Geld. Letztendlich sind Ihnen diese Kinder doch egal. Sie werden zurück nach Amerika fliegen und sie nie wieder sehen. Es wäre doch nett, mit einem prallen Schweizer Bankkonto heimzukehren. Ich könnte das schnell veranlassen, aber nur, wenn Sie uns helfen.«
»Ich glaube, es wird nicht schwer sein, Sie zu finden«, sagte ich und erhob mich, um zu gehen. »Irgendwo stoße ich doch wieder auf einen Ihrer Angestellten. Jetzt will ich erst einmal über Ihr Angebot nachdenken.«
»Denken Sie, so viel Sie wollen.« Er stand auch auf und reichte mir seine knochige Hand. »Sie haben Recht, ich werde in Ihrer Nähe sein. Ich vertraue Ihrer amerikanischen Vernunft. Sie werden schon merken, dass es für alle das Beste sein wird. Sie werden reich sein, die Kinder sind in Sicherheit, und ich habe, was ich will.«

»Übrigens«, meinte ich im Weggehen. »Was meinen Sie denn, warum die Kinder nicht wollen, dass Sie sie finden, wenn es doch zu ihrem Besten ist?«
»Wegen dem, was ihnen die Mönche erzählen. Die Mönche fürchten uns, und so sorgen sie dafür, dass auch die Kinder Angst vor uns haben. Doch das entbehrt jeder Grundlage, wie Sie selbst bald sehen werden, Mr. Twyman.«
»Wir werden sehen.«

Mein Wecker klingelte morgens um halb vier. Ich packte meine Sachen, um das Hotel zu verlassen. Ich rechnete damit, dass meine Bewacher um diese Zeit nicht besonders aufmerksam sein würden und ich vielleicht durch eine Seitentür unbemerkt entwischen konnte. Die Treppe führte zwar in die Halle, doch wahrscheinlich erwartete man mich eher am Fahrstuhl auf der anderen Seite. Die quietschende Fahrstuhltür würde jeden wecken, doch leise Schritte auf dem Teppich...
Ich schloss die Zimmertür hinter mir. Der Flur war nur spärlich beleuchtet. Ich fand die Treppe und ging ins Erdgeschoss.
An der Rezeption brannte Licht, aber es war niemand zu sehen. Die Ecke zu umrunden und aus der Tür zu schleichen schien nicht schwierig, doch einen Augenblick lang würde ich von der ganzen Halle aus zu sehen sein. Wenn dort jemand aufpasste, wäre es aus mit meiner Flucht. Auch meine Suche nach Marco konnte ich aufgeben, solange sie mir direkt auf den Fersen waren. Und selbst wenn ich unbemerkt durch die Halle kam, konnte immer noch draußen jemand stehen. Aber ich hatte keine Wahl, ich musste es riskieren, sonst war meine Reise hier zu Ende.
Ich trat ein paar Schritte in die Halle hinein und schaute in Richtung Fahrstuhl. Genau wie ich erwartet hatte, saß dort ein Mann, und zuerst dachte ich, er sähe mich. Ich blieb still stehen, um zu sehen, ob er sich bewegen würde. Nichts geschah. Er schlief. Ich wünschte, ich könnte Minez' Gesicht sehen, wenn er erfuhr, dass ich direkt vor seiner Nase aus der Tür spaziert bin, ohne jede Absicht, ihm zu helfen.
Draußen schaute ich mich um, konnte jedoch nichts und niemanden entdecken. Ich ging zu meinem Wagen, ließ ihn an und fuhr in die dunklen Straßen Sandanskis hinein. Ich fragte mich, ob ich es wirklich alleine geschafft hatte, oder ob die Kinder mir

vielleicht irgendwie geholfen hatten. Wenn Minez sie für fähig hielt, ihn daran zu hindern, das Kloster zu finden, dann konnten sie vielleicht auch einen Mann einschlafen lassen. Wie auch immer, ich war ihn los, zumindest für ein Weilchen.
Ich fuhr aus der Stadt heraus und nahm dann eine kleine Straße in Richtung Griechenland. In dieser Gegend wollte ich meine Suche beginnen, denn auf der Karte waren hier im Umkreis von fünfzig Kilometern drei Klöster eingezeichnet. Das Kloster, in dem die Kinder versteckt und ausgebildet wurden, war höchstwahrscheinlich nicht auf der Karte eingezeichnet, aber irgendwo musste ich ja anfangen. Ich war überzeugt, dass ich die Kinder finden würde, wenn sie es wollten, nicht weil ich der Karte folgte, sondern weil sie mich zu sich ziehen würden. Mein stärkster Verbündeter war meine Intuition, sie verschaffte mir Minez gegenüber einen echten Vorteil. Andererseits wollte ich nichts unversucht lassen, also fing ich mit den Klöstern auf der Karte an.
Beim Fahren dachte ich über Minez und seine Leute nach. Er arbeitete offensichtlich nicht für eine offizielle Behörde, dann hätte er offener agieren können, hätte mehr Personal zur Verfügung gehabt und härter gedroht. Vielleicht arbeitete er für andere Regierungen als Zulieferer von politisch verwendbaren Gütern. Das war es, was ich so schwer erträglich fand, dass er die Kinder wie eine Ware behandelte. Er tat es um des Geldes willen, das war in unserem letzten Gespräch deutlich geworden, und er ging davon aus, dass ich ihm ähnlich sei. Glücklicherweise hatte er schlechte Leute angeheuert. Ich schaute immer wieder in den Rückspiegel, aber niemand folgte mir. Das erste Morgenlicht tauchte hinter den Bergen auf. In einer halben Stunde würde die Sonne aufgehen und die Stadt weit hinter mir liegen.
Bis zur Mittagszeit hatte ich zwei Klöster besucht, von denen sich keines richtig anfühlte. Ich war mir sicher, dass ich es spüren würde, wenn ich an dem richtigen Platz wäre, genauso wie ich mir sicher war, dass sich ein Löffel in meiner Hand verbog, wenn ich es wollte. Auf meiner Karte war nur noch ein weiteres Kloster in dieser Gegend verzeichnet, und ich machte mir keine großen Hoffnungen. Zwei Stunden später kam ich dort an und stieg aus dem Wagen, um mich umzusehen.
Während ich die Außenmauern der Kirche umschritt, spürte ich, dass ich nicht in der Nähe von Marco oder den Kindern war,

trotzdem war hier etwas. Es gab irgendeine Art von Verbindung zwischen diesem Kloster und dem, nach dem ich suchte. Vielleicht gehörten sie zu dem gleichen Orden, oder es gab hier jemanden, der etwas wusste, was mir weiterhelfen würde. Ich ging hinein. Es war eine typische orthodoxe Kirche, voller Ikonen und Kerzen. Der Duft von Weihrauch hing schwer in dem alten Gemäuer. In einer Ecke sah ich einen Mönch, der einen Kerzenhalter reparierte. Ich ging zu ihm.

»Entschuldigen Sie, sprechen Sie englisch?«

Er antwortete nicht, bedeutete mir aber, ihm zu folgen. Er führte mich durch eine Seitentür in einen Nebenraum. Hinter einem winzigen Schreibtisch saß eine Frau. Er sagte etwas auf Bulgarisch zu ihr, woraufhin sie aufstand und wegging. Er bedeutete mir, mich zu setzen und verließ dann ebenfalls den Raum. Nach weniger als einer Minute trat ein anderer Priester ein.

»Sie suchen nach jemandem, der englisch spricht?«, fragte er. »Ich spreche ein wenig, aber nicht sehr gut.«

»Ja, – ich meine, danke«, sagte ich. »Ich bin hier in Bulgarien unterwegs, weil ich für ein Buch recherchiere. Ich bin Schriftsteller und habe erfahren, dass es hier irgendwo ein Kloster gibt, in dem besondere Kinder ausgebildet werden, ganz besondere Kinder. Ich suche schon eine Weile, aber ich kann offensichtlich nicht...«

»Es tut mir leid, ich weiß darüber nichts«, unterbrach er mich. *Er lügt. Er weiß genau, wonach ich suche und könnte mich wahrscheinlich genau dorthin führen, wenn er wollte.* »Jetzt entschuldigen Sie mich bitte.«

»Bitte, Pater, ich brauche Ihre Hilfe«, bat ich, während ich aufstand, um ihm zu folgen. »Ich will niemandem etwas Böses und habe das Gefühl, hierher geführt worden zu sein. Vor ein paar Monaten bin ich einem bemerkenswerten Jungen aus Bulgarien begegnet, Marco war sein Name, und ich muss ihn wiederfinden. Seit er mich berührt hat, sind mir merkwürdige Dinge widerfahren und ich weiß sonst nicht, was ich tun soll. Ich verspreche Ihnen, dass es so sein soll, dass ich hier bin.« Es war ein verzweifelter Versuch, doch ich konnte meinem Ziel nicht so nahe kommen und mit leeren Händen gehen. Er wusste etwas, dessen war ich mir sicher, und ich wollte herausfinden, was es war.

»Wie ich schon sagte, ich weiß nichts von besonders begabten

Kindern oder dergleichen«, wiederholte der Priester. »Dies ist ein Kloster. Wir sind seit vierhundert Jahren hier und ich werde das nicht wegen solcher Albernheiten aufs Spiel setzen. Und jetzt bitte...«
»Pater, ich weiß, dass Sie wissen, wo sie sind. Ich spüre es.«

Ich schaute ihm tief in die Augen, bis in seine Seele. »Eines der Dinge, die Marco mir hinterlassen hat, ist die Fähigkeit, in Menschen hineinzuschauen. Wie gesagt, ich will niemandem etwas Böses, aber ich muss ihn finden.«
Er blickte mich an und plötzlich wurde sein Ausdruck sanfter. Dann schaute er weg und winkte mir, ihm zu folgen. Er führte mich den Flur entlang zu einem kleinen Büro.
»Bitte setzen Sie sich«, sagte er und zeigte auf einen Stuhl. Er setzte sich hinter den Schreibtisch. »Mein Name ist Pater Anselm, ich bin hier der Superior. Sie müssen verstehen, dass ich Ihre Frage nicht beantworten kann. Das ist ein kompliziertes Thema, und ich glaube Ihnen, dass Sie niemandem etwas Böses wollen. Aber wenn es sich herumspräche, das wäre sehr schlimm. Es wissen bereits zu viele davon.«
»Was meinen Sie damit?«, fragte ich ihn.
»Ich will Ihnen so viel sagen«, fuhr er fort, »einige Brüder unseres Ordens haben die gefährliche und verantwortungsvolle Aufgabe übernommen, diese besonderen Kinder ausfindig zu machen und auszubilden. Sie finden diese Kinder auf verschiedene Weise. Manchmal bemerken die Eltern etwas und suchen dann Hilfe. Wir hören davon und stellen Nachforschungen an. Doch das geschieht eher selten. Meistens müssen die Brüder die Kinder selbst finden. Drei unserer Brüder reisen ständig durch Bulgarien und suchen nach solchen Kindern.«
»Wonach suchen sie?«
»Oh, nach allem Außergewöhnlichen, könnte man sagen, irgendwelche Zeichen, die auf starke mediale Fähigkeiten hinweisen. Doch auch das ist nur selten erfolgreich. Der häufigste Weg ist durch unsere Sommerprogramme. In einer unserer Kirchen bieten wir jedes Jahr Hunderten von Kindern Aktivitäten an. Und dabei werden sie von einigen unserer Brüder beobachtet, die genau wissen, wonach sie Ausschau halten. Wenn ein Kind dort etwas tut, was ihre Aufmerksamkeit erregt, dann wird

es beiseite genommen und ein paar simplen Tests unterzogen. In dem seltenen Fall, dass sie den Test bestehen, wird ihnen mehr Gelegenheit geboten, ihre Fähigkeiten zu zeigen. Nur eines von fünfhundert Kindern besteht alle Tests, es ist also recht selten. In so einem Fall unterhalten wir uns dann mit den Eltern. Die Brüder machen den Eltern klar, wie wichtig es für das Kind ist, zu lernen, seine Gabe mit Liebe und Mitgefühl anzuwenden, und dass wir gut geeignet sind, den Kindern dies beizubringen. Wenn es uns erlaubt wird, nehmen wir das Kind für eine Weile mit in unser Kloster. Wie lange es dort bleibt, hängt von dem Kind und seinen Fähigkeiten ab. Dann gehen die Kinder wieder nach Hause und leben hoffentlich ein normales Leben, obwohl ich persönlich der Ansicht bin, dass das unmöglich ist. Sie wissen ja sicher selbst, dass diese Kinder alles andere als normal sind. Sie sind etwas ganz Besonderes und haben uns allen etwas Wichtiges mitzuteilen. Sie haben einen Jungen namens Marco erwähnt. Könnten Sie ihn mir beschreiben?«
»Ja sicher. Er war etwa zehn Jahre alt, und sah nicht weiter besonders aus, allerdings hatte er einen Leberfleck auf seinem Hals, auf der rechten Seite. Er hatte braunes Haar...«
»Sie können aufhören«, sagte Pater Anselm. »Ich weiß, von wem Sie sprechen, aber es ist unmöglich. Es kann nicht Marco gewesen sein.«
»Dann kennen Sie ihn?«
»Ich kenne einen Jungen, auf den Ihre Beschreibung passt und der Marco heißt. Mehr kann ich Ihnen aber nicht dazu sagen, den Rest müssen Sie schon selbst herausfinden.«
»Wie kann ich das tun?«
»Ich werde etwas tun, was ich noch nie zuvor getan habe, aber ich habe das Gefühl, ich muss es tun. Ich werde ihnen sagen, wie Sie zu unserem anderen Kloster kommen, da, wo die Kinder ausgebildet werden. Dort werden Sie Ihre Antworten erhalten.«
Ich war außer mir vor Freude, meinem Ziel so nahe zu sein, doch da fehlte noch etwas. Irgendetwas verschwieg er mir über Marco, und es ängstigte mich.
»Ist Marco dort?«, fragte ich ihn.
»Wie gesagt, ich kann nicht mehr dazu sagen. Sie werden später alles erfahren. Noch eine Frage: Sind Sie sicher, dass Ihnen niemand hierher gefolgt ist?«

»Ja, ich bin ganz sicher. Im Hotel waren ein paar Männer, die mich überwachten, aber ich bin so früh aufgebrochen...«
»Es sind Dummköpfe, alle miteinander. Sie sind gefährlich, aber dumm. Man könnte Ihnen jedoch auf den Fersen sein. Sie sollten sofort aufbrechen. Wenn Sie sich beeilen, können Sie bei Einbruch der Dunkelheit beim Kloster sein. Ich sage Ihnen jetzt, wie Sie fahren müssen.«
Pater Anselm zeichnete mir eine Karte auf und schob mich aus der Tür. Innerhalb einer halben Stunde hatte sich seine Haltung komplett geändert. Wahrscheinlich hatte er Recht mit seinen Befürchtungen. Minez und seine Leute würden zunächst an den offensichtlichen Orten nach mir suchen, und dieses Kloster gehörte gewiss dazu. Wo ich hingeschickt wurde, war jedoch nicht auf der Karte verzeichnet.

Ich hielt mich so gut es ging an die Karte, doch das war schwierig, da die Straßen oft nicht mehr als ein Feldweg waren. Glücklicherweise hatte Pater Anselm die Straßennamen und Ortschaften in Kyrillisch geschrieben, das gab mir eine größere Chance, mein Ziel zu erreichen. Sonst hätte ich mich wie auf einem anderen Planeten gefühlt, so fremd war mir alles.
Ich folgte etwa fünfzig Kilometer weit der Bundesstraße und bog dann in eine schmale Nebenstraße ein. Nach etwa sieben Kilometern endete die Straßenbefestigung und ich musste um riesige Schlaglöcher kurven. Manchmal war ich mir nicht mehr sicher, ob mein Ford Escort es schaffen würde, sich zwischen den Felsbrocken auf beiden Seiten des Weges durchzuzwängen. Doch es ging und ich durchquerte zahllose winzige Dörfer, an denen die Zeit spurlos vorübergegangen zu sein schien. Sie bestanden oft nur aus drei bis vier Häusern und einem Lädchen, aus dem mir neugierige Blicke folgten. Ich fragte mich, wie die Menschen in dieser entlegenen Gegend versorgt würden, was sie von der Außenwelt mitbekamen. Doch wahrscheinlich wollten sie einfach ihre Ruhe haben, so fuhr ich weiter, ohne anzuhalten und vergeblich nach dem Weg zu fragen.
Ich war am Ende der Welt angelangt und hoffte, dass ich nicht runterfallen würde. Vor einer großen, dunklen Höhle hörte die Wegspur abrupt auf. Ich hielt an und schaute mich um. Kein Schild oder Zeichen war zu sehen. Dann kam mir ein merkwürdi-

ger Gedanke. Der Höhleneingang war groß genug für ein kleines Auto. Ich konnte nicht sehen, wie weit die Höhle reichte, doch in etwa sieben Metern Entfernung sah ich, dass der Gang nach links bog. Vielleicht war dies ein alter Tunnel, dachte ich mir, das wäre immer noch besser, als wenn der Weg hier einfach zu Ende wäre. Soviel ich wusste, war ich der Wegbeschreibung des Priesters genau gefolgt. Aber von einer Höhle oder einem Tunnel hatte er nichts gesagt. Was sollte ich tun? Ich legte den Gang ein und schlich mich in das schwarze Loch hinein.
Nach etwa fünf Metern wurde es stockfinster. Ich schaltete das Fernlicht an, doch es zeigte mir nur die Höhlenwand. Dann kam die Kurve und ich folgte der rechten Felswand mit der gespannten Aufmerksamkeit eines Jungen, der zum ersten Mal am Oberschenkel eines Mädchens entlang streicht. Ich begann zu schwitzen und merkte, dass sich meine Hände viel zu fest an das Lenkrad klammerten. Ich atmete tief durch und entspannte meinen Griff ein wenig, um mich von der Platzangst nicht überwältigen zu lassen. Lange würde ich das nicht mehr durchhalten, aber kurz bevor ich aufgeben wollte, sah ich Licht vor mir.
Bald darauf wendete sich der Höhlengang noch einmal nach links und ich sah die Öffnung unweit vor mir. Insgesamt waren es nicht mehr als vielleicht dreißig Meter gewesen, doch ich hatte das Gefühl, eine Einweihung, eine Art Prüfung meiner Entschlossenheit durchgestanden zu haben. Deswegen hatte Pater Anselm nichts davon gesagt. Sobald ich diese Schwelle überschritten hatte, fühlte ich mich wie in einer anderen Welt. Die Landschaft wirkte lebendiger und der Himmel heller. In der Landschaft, die ich hinter mir gelassen hatte, waren die Frühlingsblumen schon verblüht gewesen, doch hier standen sie in voller Blüte und füllten die grünen Hügel mit Kraft und Leben.
Mein Ford erklomm den steilen Berghang, und nach etwa zwei Kilometern kam ich in ein kleines Dorf. Ich hielt an und stieg aus, um mich etwas umzuschauen. Vor einem winzigen Gasthaus saßen drei Männer, die mich neugierig musterten. Einer von ihnen lüftete seinen Strohhut, kratzte sich am Kopf und sagte etwas zu seinen Freunden. Ich war sicher, dass es mit mir zu tun hatte. Ich klopfte mir den Staub von den Kleidern und ging zu ihnen hinüber.
»Spricht jemand von Ihnen englisch?«, fragte ich. Sie schwiegen.

»Ich suche nach einem Kloster...hier in der Nähe...KLOSTER.« Einer von ihnen schien das Wort wiederzuerkennen und zeigte auf einen Hügel auf der anderen Seite des Dorfes.
»Kloster?«, wiederholte ich und zeigte in die gleiche Richtung. Er nickte und ich war mir sicher, dass ich angekommen war. Ich spürte es in meinem Herzen, sogar in meinen Knochen. Die Gabe schien zu erwachen und aufzuspringen. Endlich war der Augenblick gekommen, auf den ich so lange gewartet hatte. Ich stieg wieder in meinen Wagen und fuhr den Hügel hinauf.
Nach einer Weile weitete sich die Spur wieder zu einem normalen Feldweg. Irgendwo vor mir hörte ich Gelächter, Kinderlachen, und kurz darauf sah ich etwas Unglaubliches. Ein altes, zweistöckiges Klostergebäude von beeindruckenden Ausmaßen krönte den Hügel vor mir und auf der Wiese davor vergnügten sich mindestens hundert Kinder. Sie schienen einzelne Gruppen zu bilden, manche spielten Fußball, andere Fangen und wieder andere alberten einfach herum. An der Seite stand ein großer Bus. Wie der wohl hierher gekommen war? Es musste noch eine andere Straße geben, ohne Tunnel und Schlaglöcher von der Größe einer Badewanne. Pater Anselm hatte mich wohl durch den Hintereingang geschickt. Doch das war jetzt gleichgültig. Ich ließ den Wagen stehen und ging auf die Kinder zu. Ich war angekommen, das allein zählte.
Zwischen den Kindern gingen einige Frauen umher und passten auf. Ein älterer Mann, wahrscheinlich der Fahrer, lehnte am Bus und rauchte eine Zigarette. Ich bemerkte drei Mönche, die die Kinder beobachteten und ab und zu etwas in ihre Notizbücher schrieben. Sie standen über die Wiese verteilt, so dass jeder eine andere Gruppe im Blick hatte. Niemand schien mich zu beachten, alle konzentrierten sich auf die spielenden Kinder.
Ich ging auf den nächsten Mönch zu und sprach ihn an. »Entschuldigen Sie bitte, sprechen Sie vielleicht englisch? Pater Anselm hat mich hierher geschickt...«
Der Mönch zuckte zusammen und drehte sich mit ängstlichem Blick herum, als ob er mit jemand Unerfreulichem rechnete, der ihm schaden konnte. Als er mich sah, wurde sein Blick sanfter und er schüttelte den Kopf, wohl als Antwort auf meine Frage. Er steckte sein Notizbuch unter seine Robe und rief seinem Bruder, der dem Klostereingang näher stand, etwas zu. Jener rannte darauf-

hin auf den Eingang zu und verschwand darin. Mein »Gesprächspartner« bedeutete mir, hier zu warten. Die Angst war aus seinem Blick verschwunden, die Überraschung jedoch noch nicht ganz. Einen Augenblick später kehrte der junge Mann mit einem älteren Bruder zurück. Der Ältere trug eine graue Robe im Gegensatz zu dem Braun der anderen Mönche. Seine Hände waren unter den weiten Ärmeln gefaltet. Der Jüngere ging zu seiner Position auf dem Spielfeld zurück, nahm sein Buch wieder hervor und setzte seine Arbeit fort. Der Ältere ließ mich keinen Augenblick lang aus den Augen, während er quer durch die Kinder auf mich zuging. Schließlich stand er mir genau gegenüber.
»Sie suchen nach jemandem, der englisch spricht?«, sagte er in abweisendem Ton. »Kann ich Ihnen helfen?«
»Ich hoffe«, antwortete ich. »Ich bin ein amerikanischer Schriftsteller und wurde von Pater Anselm hierher geschickt. Genauer gesagt hat er die Karte gezeichnet, mit deren Hilfe ich hierher gefunden habe. Ich suche seit langer Zeit nach diesem Kloster. Sie können mir wahrscheinlich helfen, jemanden zu finden.«
Er schaute mich misstrauisch an und seine dunklen, kurzen Haare schienen sich noch ein bisschen mehr aufzurichten. »Sie sagten, Pater Anselm hätte Ihnen den Weg hierher erklärt. Wissen Sie, warum er das getan hat?«
»Weil er glaubte, was ich ihm erzählte, die Geschichte davon, wie ich hierher gekommen bin«, antwortete ich. »Es ist eine ungewöhnliche Geschichte, die ich Ihnen gerne erzählen würde.«

Er schaute mich wieder lange an und mein Herz begann, schneller zu schlagen. Dann trat er von einem Fuß auf den anderen und reichte mir die Hand.
»Mein Name ist Bruder Matthias«, sagte er, während wir gemeinsam auf das Kloster zugingen. »Ich lebe hier seit vielen Jahren und arbeite eng mit den Kindern zusammen, die sie hier sehen. Aber ich habe das Gefühl, das wissen Sie bereits.« Er blieb stehen und drehte sich zu mir um. »Ich habe das Gefühl, dass Sie über das, was wir hier tun, bereits eine Menge wissen.«

Ich sagte nichts, ich stand einfach da und schaute in seine tiefen, dunklen Augen. Schließlich wandte er sich ab und ging weiter in das Kloster hinein.

Wir schritten durch ein großes Tor in den Hof. Auf der linken Seite stand ein langes, zweigeschossiges Natursteingebäude. Mehrere Holztreppen führten in den ersten Stock, wo ein langer Balkon zu einer Reihe Türen führte, wahrscheinlich den Zellen der Mönche. Im Erdgeschoss gab es weniger Türen, vielleicht waren hier die Gemeinschaftsräume. Auf der rechten Seite stand die Kirche. Sie sah alt aus, und trotz der tiefliegenden Fenster und Steinreliefs wirkte sie eher schlicht. Bruder Matthias führte mich in die Kirche und zu einer kleinen Kapelle in der Nähe des Altars. Er küsste seine Hand und legte sie dann auf eine Ikone der Madonna, die hier an der Wand hing.

»Dies ist unser wertvollster Besitz«, sagte er zu mir, ohne den Blick von dem Bildnis zu wenden. »Diese Ikone ist seit fast fünfhundert Jahren in unserem Orden. Seit diese Kirche erbaut wurde, hängt sie hier. Sie ist unsere Patronin, unsere geliebte Mutter. Deswegen bitte ich darum, dass alles, was wir einander sagen möchten, zuerst ihr anvertraut wird. Lassen Sie uns vor ihr niederknien und sie bitten, dass sie uns so annimmt, wie es unserem Herrn am besten dient.«

Er kniete nieder und ich tat es ihm nach. Er warf einen kurzen Blick auf mich und irgendwie wusste ich, dass es angemessen wäre, den Kopf zu neigen. Wir knieten dort mindestens fünf Minuten lang in vollkommener Stille, und ich tat genau das, was er gesagt hatte: Ich bat Maria, uns zum Licht zu führen. Sie hatte mich so weit begleitet und ich war meinem Ziel so nahe. Ich war mir sicher, dass ich Marco am nächsten Tag sehen würde, falls er nicht bereits im Kloster war. Mein Gefühl sagte mir jedoch, dass er nicht hier war.

Bruder Matthias stand auf und winkte mir, ihm zu seinem Büro auf der anderen Seite des Hofes zu folgen. Er setzte sich hinter einen kleinen Schreibtisch und ich nahm auf einem Holzstuhl gegenüber Platz.

»Sind Sie der Superior dieses Klosters?«, fragte ich ihn.

»Nein, ich bin nicht der Superior. Ich bin nur ein Bruder, kein Priester. Aber man kann sagen, dass ich hier eine leitende Position habe. Das ist etwas anderes.«

»«Was meinen Sie damit?«

»Wir haben hier keinen Superior. Pater Anselm erfüllt formell diese Position, aber wie Sie wissen, lebt er in einem anderen Kloster. Dieser Ort hier ist etwas ganz Besonderes und fällt nicht unter die normalen Regeln. Wir erfüllen hier eine besondere Aufgabe und ich überwache das.«

»Was für eine Aufgabe ist das?«, wollte ich wissen.

»Darüber sprechen wir, wenn es soweit ist«, sagte er und lehnte sich in seinem Stuhl zurück. »Ich würde gerne erst einmal hören, warum Pater Anselm Sie hierher geschickt hat. Sie müssen wissen, dass das äußerst ungewöhnlich ist. Ich bin einigermaßen überrascht, er muss einen guten Grund dafür gehabt haben. Würden Sie mir bitte erzählen, warum er es Ihrer Meinung nach getan hat?«

»Ich will es versuchen«, antwortete ich ihm. »Ich bin Schriftsteller aus Amerika, und ich habe gehört...«

»Das sagten Sie bereits«, unterbrach er mich. »Es gibt noch einen tieferen Grund, der nicht mit Ihrer Schreiberei zu tun hat, das spüre ich. Sie sind hier auf der Suche nach etwas oder jemandem. Wonach suchen Sie?«

Er lächelte mir aufmunternd zu. Ich lehnte mich ebenfalls zurück und versuchte, ihm alles zu erzählen, über meine Begegnung mit Marco, über die darauf folgenden Ereignisse in meinem Leben, über meine Besessenheit mit der Gabe und wie sie mich beinahe wahnsinnig gemacht hatte. Vor allem erzählte ich ihm jedoch von meinen Träumen und wie ich das Gefühl hatte, dass Marco mich nach Bulgarien geholt hatte, um ihn zu finden. Meine Erzählung dauerte fast zwanzig Minuten, doch Bruder Matthias hörte mit großer Geduld und Aufmerksamkeit zu.

»Was meinen Sie, warum Marco Sie nach Bulgarien geführt hat?«, fragte er, als ich fertig war.

»Ich weiß nicht genau«, antwortete ich. »Vielleicht um zu lernen, wie ich die Gabe anwenden kann, die er in mir erweckt hat. Es hat mein Leben völlig verändert und ich muss wissen, wie ich sie verwenden soll. Soll ich mit ihr heilen, oder lehren...«

»Oder lernen?«, warf er mit hochgezogener Augenbraue ein.

»Was meinen Sie damit?«

»Vielleicht gab er Ihnen die Gabe, um Ihnen zu helfen, etwas zu lernen, was Sie sonst nicht lernen könnten. Vielleicht hat die Gabe Sie auf geheimnisvolle Weise erweckt, so dass Sie jetzt bereit sind.«

»Bereit?«

»Genau. Bereit, zu dienen. Sind wir nicht alle hier, um einander und Gott zu dienen?«

»Das glaube ich auch«, erwiderte ich. »Wie kann sie mir helfen, zu dienen?«

»Das müssen wir herausfinden. Aber zuerst möchte ich mir eins dieser Wunder anschauen. Ich hoffe, Sie halten mich nicht für aufdringlich, aber wenn ich Ihnen einige unserer Geheimnisse anvertraue, muss ich wissen, dass Sie auch bereit dafür sind. Sie haben mir eine großartige Geschichte erzählt, aber erst wenn ..., na ja, wenn ich es mit eigenen Augen gesehen habe, dann weiß ich, was ich zu tun habe.«

»Wie soll ich es Ihnen zeigen?«, fragte ich ihn.

Er schaute sich im Raum um. Sein Blick fiel auf ein kleines Messer, das auf seinem Tisch lag.

»Es ist kein richtiges Messer«, sagte er, »nur ein Brieföffner, nicht sehr dick. Ich möchte sehen, wie Sie ihn mit Ihren geistigen Kräften verbiegen. Das ist zwar eine relativ anspruchslose übersinnliche Fähigkeit, aber sie ist eindrucksvoll.« Er legte den Brieföffner vor mich hin. »Wenn Sie ihn verbiegen können, will ich Ihnen glauben.«

Ich schaute mir das Stück Metall an und wusste, dass es mir leichtfallen würde. Ich weiß immer, ob ich etwas verbiegen kann oder nicht. Wenn ich es nicht mit meinen Händen verbiegen kann, dann schaffe ich es wahrscheinlich auch mit meinem Geist nicht. Vielleicht ist das eine mentale Blockade, aber irgendwie kann ich diese Überzeugung nicht abschütteln. Dieses Messer jedoch war dünn und leicht, ich wusste, es würde nicht schwer sein.

Ich berührte das Metall leicht mit meinem Zeigefinger und rieb eine Stelle. Ich übte nur geringen Druck aus, weil ich keinen falschen Eindruck erwecken wollte. Ich spürte einfach die Biegung in meinem Solarplexus und wusste, dass es geschehen würde. Nach ein paar Sekunden wurde das Metall sehr heiß und verbog sich so schnell, dass es sogar mich erstaunte. Ich schaute zu Bruder Matthias, der nicht besonders beeindruckt schien.

»Das war sehr hübsch«, sagte er, »doch Sie erwarten sicher nicht, dass ich überrascht bin. Wenn Sie hier abfahren, werden Sie verstehen, was ich damit meine. Gegenüber dem, was Sie mit dieser Gabe machen können, werden diese kleinen Tricks wie ein Kinderspiel wirken.«

»Wollen Sie mir jetzt etwas über diesen Ort hier erzählen?«, fragte ich.
Er schwieg einen Augenblick. »Dieses Kloster erfüllt eine ganz besondere Aufgabe. Wir finden medial begabte Kinder und bilden sie aus. Wir helfen ihnen eigentlich nur, herauszufinden, wie weit ihre Fähigkeiten gehen, das ist alles. Denn in Wirklichkeit können wir sehr viel mehr von ihnen lernen als sie von uns.«
»Und die Kinder, die ich draußen gesehen habe, die werden irgendwie beobachtet, stimmt das?«
»Man könnte sagen, das ist ein erster Schritt. Wir suchen nach gewissen Fähigkeiten. Ab und zu fällt uns ein Kind auf...«
»Pater Anselm hat mir den ganzen Prozess erklärt. Er hat auch gesagt, dass Marco hier ausgebildet wurde. Haben Sie mit ihm gearbeitet?«
»Ich würde eher sagen, dass er mich ausgebildet hat..., doch ja, ich war es. Marco war kein gewöhnlicher Schüler. Er war einer der ersten und einer der fähigsten, und er war auch eines der erdverbundensten unserer Kinder. Sein Herz war so offen und sein Mitgefühl war so tief. Ich wusste, dass er für große Dinge vorgesehen war, und es war mir eine große Ehre, ihm zu helfen. Es ist eine Ehre für mich, mit all diesen Kindern zu arbeiten, aber Marco war etwas Besonderes.«
»Wie bereits gesagt, das ist der Grund, weshalb ich hier bin. Ich muss ihn finden. Er ruft mich, ich kann es fühlen. Aber ich musste erst hierher kommen, denn Sie sind der Einzige, der mich zu ihm führen kann.«
»Ja und nein«, sagte Bruder Matthias.
»Wie meinen Sie das?«
»Ja, ich kann Sie zu ihm führen, aber ich halte das im Moment nicht für klug. Die Sache ist komplizierter als Sie ahnen. Ich weiß, dass ein paar unserer ›Freunde‹ in der äußeren Welt mit Ihnen Kontakt aufgenommen haben, Leute, die den Kindern nicht helfen, sondern sie ausbeuten wollen.«
»Sie haben mich verfolgt, aber ich bin sicher, dass ich sie abgeschüttelt habe.«
»Im Moment sind Sie sie los, aber sie sind nicht weit. Insofern stellen Sie für unser Kloster und die Kinder ein Risiko dar, aber ich glaube, es gibt einen Grund dafür, dass Sie hier sind.«
»Was ist Ihrer Meinung nach der Grund?«, fragte ich ihn.

»Ich kann es Ihnen nicht sagen, aber die anderen Kinder können Ihnen helfen, das herauszufinden. Ich glaube wohl, dass Sie hierher geführt wurden, vielleicht sogar von Marco. Aber jetzt, wo Sie hier sind, müssen Sie bleiben, selbst wenn es nur für ein paar Tage ist. Es gibt hier ein paar Kinder, mit denen ich Sie gerne bekannt machen möchte.«

»Sie meinen, *die Kinder von Oz*, die Sie gerade ausbilden?«

Er schien überrascht darüber, dass ich diesen Begriff kannte. »Genau, *die Kinder von Oz*. Zurzeit sind vier von ihnen hier und ich möchte, dass Sie sich mit ihnen unterhalten. Sie sind außergewöhnlich, jedes auf seine Art. Sie werden Ihnen helfen, den wahren Grund Ihres Hierseins zu erkennen.«

Ich schaute aus dem Fenster auf die wunderschönen Klosteranlagen, die schattenspendenden Bäume und hörte den Lärm der spielenden Kinder von der Wiese. Es würde mir nicht schwer fallen, hier zu bleiben, doch mich bewegte etwas anderes.

»Wenn ich bleibe, werden Sie mich dann zu Marco bringen?«

»Wenn Sie mit den Kindern gesprochen haben, werde ich Ihnen alles über Marco erzählen, was Sie wissen wollen. Das Zusammentreffen mit den anderen Kindern wird Sie auf die Begegnung mit ihm vorbereiten. Es gibt noch einen weiteren Grund. Ich glaube, dass die Kinder auch Ihnen begegnen wollen, weil Sie ihnen helfen werden. Sie verstehen das vielleicht jetzt noch nicht. Sie müssen wissen, dass wir dies zum ersten Mal tun, aber genau wie Pater Anselm bin ich davon überzeugt, dass Sie gerufen wurden und dass es der göttlichen Ordnung entspricht. Sind Sie mit diesen Bedingungen einverstanden?«

»Ja«, erwiderte ich. »Ich will gerne mit diesen Kindern reden. Ich bin wirklich hocherfreut über diese Gelegenheit. Und dann bringen Sie mich zu Marco?«

»Dann werde ich Ihnen alles erzählen.«

»Abgemacht.«

KAPITEL VIER

Gespräche

Anna

Am anderen Morgen um sieben Uhr klopfte es an meiner Tür. Ich hatte wenig geschlafen und war bereits lange wach. Die Aussicht auf das, was vor mir lag, hätte mich eine ganze Woche lang wach halten können. Seit Monaten war ich auf der Suche – und jetzt sollte sie ein Ende haben. Ich würde mit vier Kindern hier aus dem Kloster sprechen und dann zu Marco gebracht werden. Wenn alles gut ging, würde ich ihn in spätestens zwei Tagen wiedersehen, und mit etwas Glück würden sich dann alle meine Fragen klären.

»Guten Morgen«, begrüßte mich Bruder Matthias, als ich die Türe öffnete. »Sind Sie bereit, anzufangen?«
»Ja, ich bin bereit«, antwortete ich. Er trat in das Zimmer und setzte sich mir gegenüber auf die Bettkante.
»Ich will ein paar Dinge mit Ihnen besprechen, bevor Sie den Kindern begegnen. Wie gesagt spricht keines der Kinder englisch. Wir werden sehen, ob das ein Problem ist, denn wie Sie mit Marco bereits festgestellt haben, muss es keines sein. Ich werde jedoch die ganze Zeit dabei sein und alles übersetzen. Sie dürfen keine Aufnahmegeräte und keine Schreibsachen mitbringen. Sie werden alles im Kopf behalten müssen, was sie sagen.«
»Warum?«, fragte ich.
»Wenn Sie damit beschäftigt sind, sich Notizen zu machen, werden Sie nicht mit Ihrer ganzen Aufmerksamkeit bei den Kindern sein und vielleicht das nicht mitkriegen, wofür Sie hergekommen sind.«
»Und wenn ich mich nicht erinnern kann?«
»Ich glaube nicht, dass das ein Problem sein wird«, meinte er. »Sie werden sich an das erinnern, was für Sie wichtig ist. Ich möchte Sie auch bitten, die Kinder nur mit meinem Einverständnis um Demonstrationen ihrer medialen Kräfte zu bitten.«

»Da Sie ohnehin alles übersetzen werden, ergibt sich das von selbst.«
»Nicht unbedingt«, sagte er. »Diese Kinder kommunizieren auf vielen verschiedenen Ebenen, nicht nur durch Worte. Diese Erfahrung haben Sie ja selbst gemacht. Achten Sie also auf Ihre Reaktion, wenn die Kinder ihre besonderen Fähigkeiten erwähnen. Die Augen sagen manchmal mehr als der Mund, und in Gedanken bitten Sie vielleicht um etwas, ohne einen Ton zu sagen. Mir ist klar, dass Sie das nicht völlig unter Kontrolle haben werden. Ich bitte Sie nur darum, wachsam zu sein. Wenn Sie etwas sehen möchten, dann fragen Sie mich und ich werde entscheiden, ob es angemessen ist.«
»Einverstanden.«
»Ich bringe Sie gleich zu Anna. Sie haben zwei Stunden Zeit mit ihr, danach sehen wir dann weiter.«
»Können Sie mir ein bisschen was über Anna erzählen, bevor ich sie treffe?«
»Ja, das hatte ich auch vor.« Er stand auf und begann, langsam auf und ab zu gehen. »Anna ist ein ganz liebes Mädchen. Sie ist zwölf Jahre alt und seit sechs Monaten bei uns. Ich gehe davon aus, dass sie noch weitere sechs Monate hier bleiben wird und dann zu ihrer Familie zurückkehrt. Sie stammt aus dem Dorf Druzhda, das direkt am Meer liegt. Ihre Mutter bemerkte Annas Fähigkeiten zum ersten Mal, als das Kind ungefähr neun Jahre alt war. Sie wusste im Voraus, was in den Briefen stand, die mit der Post kamen. Ihre Mutter stellte sie auf die Probe, indem sie ihr Worte oder Symbole aufschrieb und in dicke Umschläge steckte. Anna wusste mit fast hundertprozentiger Sicherheit, was auf dem Papier stand. Sie hatte auch ein Lieblingsspiel: Sie brachte Knospen zum Aufblühen, indem sie sich darauf konzentrierte. Sie hatte das wohl schon seit Jahren getan, ohne dass es jemandem aufgefallen war. Wir haben sie hier weiteren Tests unterzogen und sie schnitt äußerst gut ab. Es wurde dann beschlossen, sie erst einmal hier zu behalten, damit sie ihre Fähigkeiten weiterentwickeln kann und die Regierung nicht auf sie aufmerksam wird.«
»Weiß die Regierung von Anna?«
»Es spricht sich schnell herum, wenn ein Kind mit derart offenem Herzen auftaucht. Ein Nachbar hört vielleicht davon, oder das Kind zeigt seine Fähigkeiten vor anderen Leuten. Bevor man

sich versieht spricht die ganze Stadt davon, und die Regierung ist nie weit. Deswegen müssen wir oft sehr schnell reagieren. Wenn die ein Kind erst in die Finger bekommen haben, haben wir verloren.«

»Was passiert dann?«

»Schwer zu sagen. Manchmal gar nichts. Diese Fähigkeiten werden vom Herzen aus gesteuert, nicht vom Verstand. Wenn sie also mit der Absicht der Manipulation oder des Missbrauchs angewendet werden, verkümmern sie oft einfach. Deswegen liegt uns so viel daran, diese Kinder gut zu versorgen und sie Liebe zu lehren, die Art von Liebe, die wir von Jesus gelernt haben. Es ist so, als ob man eine schöne Blume gießt. Ohne Wasser verwelkt sie einfach, aber mit entsprechender Fürsorge erblüht sie zu ihrer ganzen Schönheit. Manchmal haben wir es auch nicht geschafft. Ich habe den Verdacht, dass die Regierung langsam von ihren Fehlern lernt und anfängt, die gleichen Strategien anzuwenden wie wir. Wenn das stimmt, dann stehen wir vor ein paar echten Problemen.«

»Warum sind die so begierig nach diesen Kindern?«, wollte ich wissen. »Glauben sie wirklich, dass sie die Kinder als eine Art neuartiger Waffe einsetzen können?«

»Natürlich, und vielleicht stimmt das ja auch. Das wird sich zeigen. Wie gesagt entspringt die Gabe einer höheren Frequenz, einer Schwingung, nach der wir alle streben. Die Kinder sind wie ein Prototyp, ein Evolutionssprung. Ich persönlich glaube nicht, dass die Begabungen zu zerstörerischen Zwecken eingesetzt werden können, aber ich kann mich irren. Manche dieser Fähigkeiten sind sehr stark, und es mag möglich sein, sie auch ohne Mitgefühl zum Einsatz zu bringen. Deswegen sind wir so eifrig dabei, den Kindern die Gesetze der Liebe zu vermitteln, damit sie ihre Kräfte zum Wohle der Menschheit verwenden.

Wenn Sie soweit sind, können wir jetzt zu Anna gehen.«

Wir gingen auf die andere Seite des Klosters. In diesem Bereich war ich noch nicht gewesen. Im Erdgeschoss des Gebäudes gab es fünf oder sechs Zimmer und daneben wieder die schmalen Holztreppen, die zum Obergeschoss führten. Vor dem Haus saß ein Mönch, der bei unserem Auftauchen aufstand und an eine der Türen klopfte. Wir gingen nach oben in einen großen, spärlich möblierten Raum. Es gab eine Tafel und ein paar Stühle auf der einen Seite und zwei Sofas auf der anderen. Ein großer, schlichter Teppich bedeckte ungefähr die Hälfte des rauen, alten Holzfußbodens. Bruder Matthias rückte zwei Stühle zu den Sofas und forderte mich auf, mich zu setzen.

»Und jetzt?«, fragte ich.

»Anna wird gleich hier sein«, erwiderte er, ohne sich zu setzen. »Dann können wir anfangen.«

Eine Minute verstrich, ohne dass etwas geschah. Bruder Matthias ging auf und ab, als wäre er sich nicht mehr sicher, ob meine Anwesenheit eine gute Idee sei. Er kämpfte mit Ängsten und Zweifeln, denn er fühlte sich als der Hüter dieser Kinder. Ich spürte es, doch aus irgendeinem Grund fing mein Kopf nicht an zu pochen, wie er es sonst tat, wenn ich die Gedanken anderer Menschen auffing. Ich dagegen war ziemlich entspannt und glücklich über das, was mir bevorstand.

Irgendwann schaute ich zur Tür und sah zu meiner Überraschung ein kleines Mädchen dort stehen. Ich hatte sie weder kommen hören noch ihre Anwesenheit gespürt. Auch Bruder Matthias zuckte ein bisschen zusammen, als er sie plötzlich sah. Dann ging er hinüber und sagte etwas auf Bulgarisch zu ihr. Er nahm sie an die Hand und kam mit ihr zu mir herüber. Sie setzte sich mir gegenüber auf eines der Sofas und schaute mir zum ersten Mal in die Augen. Ich lächelte und sie lächelte zurück, doch in ihren Augen lag ein bisschen Angst. Ich verstand auch, warum. Sie mochte nicht über ihre Begabung reden, und sie wusste, dass ich deswegen hier war. Es gab einen Teil von Anna, der lieber so wie die anderen Kinder gewesen wäre, aber sie wusste, sie war anders. Sie wollte gerne zu Hause bei ihrer Mutter, ihrer Familie und ihren Freunden sein, doch sie war hier, weit weg, in einem Kloster und unter Mönchen, die sie zwar liebten, aber eben keine Familie waren. Sie schaute mich an und merkte plötzlich, dass ich in sie hineinschaute. Sie wandte sich an Bruder Matthias und sagte etwas.

»Anna möchte wissen, wie lange Sie die Gabe schon haben?«, übersetzte er.

»Ungefähr seit fünf Monaten, seit ich Marco begegnet bin. Kennt sie Marco?«

Bruder Matthias übersetzte ihr meine Frage und dann ihre Antwort. »Sie ist Marco nie begegnet, aber sie weiß, wer er ist. Sie

kennen sich alle untereinander. Das ist ein Aspekt der Gabe.«
»Ja, das habe ich auch schon gehört. Sie sind offenbar mit jedem Kind auf der Welt, das die Gabe hat, in Kontakt. Würden Sie ihr bitte die gleiche Frage stellen, wie lange sie sich ihrer besonderen Fähigkeiten bewusst ist?«
»Dass sie anders ist als andere Kinder weiß sie erst seit etwa zwei Jahren, aber sie war immer fähig, ihren Geist in dieser Weise einzusetzen. Sie wusste einfach nicht, was es bedeutet. Es erschien ihr völlig normal, den meisten unserer Kinder geht das so. Es ist ihnen nicht klar, dass andere Kinder solche Dinge nicht tun können. Und das bringt sie manchmal in Schwierigkeiten. In ihrer Unschuld tun sie etwas Außergewöhnliches und werden dann abgestempelt, denn die meisten Menschen haben Angst vor diesen Dingen. Vielleicht halten sie es für Teufelswerk oder dergleichen. Das Kind fühlt sich dann natürlich einsam und verlassen. Deswegen versuchen wir, diese Kinder zu finden, damit sie ihre Fähigkeiten entwickeln und die Grundlagen der Liebe lernen können. Das ist das Wesentliche, worum es uns geht.«
Ich schaute wieder zu Anna und lächelte. Ich schickte ihr den Gedanken, dass sie sich nicht zu fürchten brauche. Sie schien meine Botschaft zu spüren und lehnte sich entspannt in die Polster zurück.
Ich will unsere Unterhaltung so genau wiedergeben, wie ich kann. Auch wenn ich sie erst später aufgeschrieben habe, war mir die Essenz unseres Gespräches dabei doch sehr lebendig im Bewusstsein. Insofern mögen die Worte nicht genau stimmen, aber das Wesentliche ist auf jeden Fall enthalten. Anna war das erste der Kinder, mit dem ich mich unterhalten konnte, und ich habe das Gefühl, von ihr am meisten gelernt zu haben. Um des Redeflusses willen lasse ich auch die jeweilige Übersetzung weg und schreibe so, als hätten Anna und ich direkt miteinander gesprochen.
»Ich möchte dir dafür danken, Anna, dass du dir für mich Zeit nimmst«, fing ich an. »Weißt du, warum ich hier bin?«
»Du bist hier, weil du die Gabe hast. Jemand hat sie dir gegeben, denn die meisten Erwachsenen haben sie nicht.«
»Warum?«
»Ich weiß nicht...vielleicht, weil sie nicht mehr daran glauben, oder weil sie vergessen haben, wie man es macht. Aber viele Kinder haben die Gabe. Sie sind überall und ich kann sie alle spüren.«
»Wie fühlt sich das an?«, wollte ich wissen.

»Ich kann es nicht beschreiben. Es ist einfach da, wie etwas, was du immer gewusst hast.«
»Mir wurde mal gesagt, dass die Kinder eine Art Netzwerk aufbauen, das sie irgendwie stärken und das allen auf diesem Planeten beim Wachsen hilft. Stimmt das?«
»Ich weiß nicht«, sagte sie.
»Willst du damit sagen, dass du das noch nie gespürt hast?«
»Ich würde es einfach nicht so ausdrücken. Weißt du, die Kinder bauen gar nichts. Das Netz ist bereits vorhanden.«
»Bereits vorhanden?«, wiederholte ich. »Wo ist es?«
»Es ist überall, weißt du das nicht? Das Netz ist die Liebe, das habe ich gelernt, seit ich hier bin. Die Liebe ist überall, denn sie ist das einzig Wirkliche. Doch sie muss von den Menschen gestärkt werden – und das geschieht, wenn sie daran denken. Dafür sind die Kinder hier – um an das Netz zu denken und es zu stärken.«
»Ein anderes Kind hat mir erzählt, dass es eine Frage gibt, die ihr alle der Welt stellt. Kennst du diese Frage?«
»Natürlich kenne ich sie, wir alle kennen sie.«
»Würdest du sie mir sagen?«, fragte ich sie.
»Du hast doch gesagt, dass du sie kennst.«
Sie hatte mich erwischt. Anna hatte erkannt, dass ich sie indirekt testen wollte und sie war nicht gewillt, sich darauf einlassen. Ich spürte, dass sie gerne offen sein und mir erzählen wollte, was sie wusste, aber sie fürchtete sich auch. Sie hatte ihre Kraft in sich zurückgezogen, weil sie sie mir nicht zeigen wollte. Ich wollte sie nicht drängen.
»Also gut«, sagte ich. »Wie wäre es, wenn ich dir sage, was meiner Meinung nach die Frage ist, und du sagst, ob es richtig ist?«
Sie nickte.
»Gut. Die Frage hat mit unserer Bereitschaft zur Liebe zu tun. Die Kinder bitten die Menschheit, so zu tun, als wäre jeder ein Abgesandter der Liebe, so zu leben, als wäre es wahr. Ich glaube, dass ihr diese Bitte stellt, weil die Liebe in uns aktiviert wird, wenn wir so tun, als wäre sie wahr. Wir müssen daran glauben, bevor wir es sehen können. Ist das ungefähr richtig, Anna?«
»Ungefähr«, sagte sie.
»Wie würdest du es denn ausdrücken?«
»Die Frage ist, ob du bereit bist, so zu leben, als würdest du von

Gott geliebt. Die Menschen denken, dass Gott sie nicht liebt, und sie verhalten sich dementsprechend. Deswegen ist die Welt so, wie sie ist. Sie behaupten zwar, dass Gott da ist und sie liebt wie ein Vater oder wie eine Mutter, aber im tiefsten Herzen glauben sie es nicht. Was würde geschehen, wenn sie es *wirklich* glauben würden? Dann würde die Liebe, die überall um sie herum ist, sich ausdehnen und andere Menschen berühren, und dann würden alle geheilt. Es ist wirklich ganz einfach. Die Frage ist nur, ob die Menschen akzeptieren wollen, was bereits wahr ist.«

»Akzeptieren, was bereits wahr ist?«

»Ja, so sehen wir das. Wir Kinder sind hier, um die Wahrheit zu spüren, und um anderen zu helfen, dasselbe zu tun.«

»Was ist mit den übersinnlichen Fähigkeiten?«, wollte ich wissen. »Warum haben manche Kinder diese Begabungen und andere nicht?«

»Alle haben sie, aber sie sind nicht wichtig. Liebe ist wichtig, und die Stärkung des Netzes. Wenn du liebst, dann geschieht alles wie von selbst.«

»Du meinst die Gabe?«

»Ja, die Gabe. Wie hast du sie bekommen?« Sie beugte sich sehr interessiert vor.

»Ich bin einem Kind wie dir begegnet und es hat mich berührt. Danach sind alle möglichen merkwürdigen Dinge geschehen. Ich konnte in Menschen hineinsehen und Dinge nur mit meinem Geist bewegen. Kannst du das auch?«

»Natürlich.«

»Machst du es gerne?«

»Manchmal, aber es ängstigt manche Menschen und ich mag nicht, wenn die Leute sich vor mir fürchten.« Sie zog sich wieder etwas zurück, als sie das sagte, als erinnerte sie sich plötzlich daran, dass sie eine unheilbare Krankheit habe. »Ich weiß, dass die Gabe dazu da ist, Menschen zu helfen, aber manchmal wünschte ich, einfach nach Hause gehen zu können und nichts damit zu tun zu haben.«

»Erzähl mir, was du über Marco weißt«, bat ich sie.

»Ich kenne ihn und ich kenne ihn nicht. Ich weiß, dass die Gabe sehr stark in ihm ist, und dass er auch hier war. Bruder Matthias hat mir das erzählt. Aber ich bin ihm nie begegnet.«

»Weißt du, wo er ist? Ich möchte ihn so gerne wiedersehen.«

»Nein.«
Bruder Matthias schaute sie an, als wollte er sie davon abhalten, mehr zu sagen. Warum? Ich merkte es, sagte aber nichts weiter dazu. Zum ersten Mal hatte ich das Gefühl, dass er mir etwas verschwieg.

»Ich möchte dir noch etwas über die Gabe erzählen«, sagte Anna. »Du musst sie gerne benutzen, sonst tut sie dir nicht gut.«

»Wie meinst du das?«

»Sie kann einen krank machen, so, wie es mit dir auch geschehen ist. Ein Teil von dir fürchtet sich immer noch davor, was sie bedeutet und will vor ihr davonlaufen. Aber das geht nicht, und jedes Mal, wenn etwas geschieht, tut es dir weh. Wenn du die Gabe benutzt, pocht dein Kopf so.« Sie hielt sich die Hände an den Kopf und kniff die Augen zusammen. Eine Sekunde lang schoss der Schmerz durch meinen Schädel, dann war es wieder vorbei. Sie öffnete wieder ihre Augen. »Wenn du dich einfach entspannen und es geschehen lassen würdest, dann würde es nicht so wehtun. Dann würde die Gabe stärker.«

»Sie kann noch stärker werden?«

»Oh ja, viel stärker.« Sie lächelte. »Du hast noch keine Ahnung, wie stark. Ich will dir etwas zeigen.« Auf dem Fensterbrett stand eine Vase mit Blumen. Die meisten waren voll erblüht, bis auf ein paar dicht geschlossene Knospen. Ich spürte, wie sie Energie zu den Blumen schickte, einen Augenblick lang glaubte ich sogar einen Lichtstrom zu sehen, der von ihr ausging, erst ziemlich breit, dann immer schmaler, bis er wie ein Laserstrahl auf eine der Knospen gerichtet war. Ich beobachtete die Vase, genauso wie Bruder Matthias. Er schien nicht besonders aufgeregt, als ob er so etwas schon ein Dutzend Mal gesehen hätte. Innerhalb von Sekunden glaubte ich, in den Blumen eine Bewegung zu sehen, doch dann erkannte ich, dass es nicht der ganze Strauß war, sondern nur die eine Knospe, auf die sie sich konzentriert hatte. Sie begann, sich zu öffnen, am Anfang so langsam, dass es kaum wahrnehmbar war, dann immer schneller und innerhalb einer Minute war sie so weit geöffnet wie die anderen Blumen in der Vase.

»Das ist es, was du tun musst«, sagte sie zu mir. »Du musst aufhören, dich zu fürchten und dich mehr öffnen. Dann kann mehr Licht durch dich hindurchscheinen. Dann wirst du so viel schöner sein.«

Sie sagte das mit so viel Unschuld, doch ich konnte auch die unendliche Weisheit in ihr spüren. Diese Kinder waren mehr als ein Evolutionssprung der Menschheit, sie waren zur Erde zurückgekehrte spirituelle Meister. Dieser Gedanke fasste mehr und mehr in mir Fuß.
»Anna, wenn du etwas zu allen Erwachsenen dieser Welt sagen könntest, was wäre das?«
Sie dachte einen Augenblick lang nach und ich erinnerte mich plötzlich wieder daran, dass sie ein kleines Mädchen war, wenn auch das beeindruckendste kleine Mädchen, das ich je gesehen hatte. Ihre Augen waren nach innen gekehrt, sie gab sich große Mühe, eine gute Antwort zu finden. Dann schaute sie mich an und sagte: »Ich würde ihnen sagen, dass sie ihre Kraft erkennen sollten und dass diese Kraft umso deutlicher hervortritt, je mehr sie einander lieben. Die Menschen fürchten sich vor ihrer Kraft, weil sie Angst haben, jemanden zu verletzen. Aber je mehr sie sich zurückhalten, desto mehr verletzen sie einander. Es scheint nur so, als gäbe es viele von uns hier. Eigentlich gibt es nur einen von uns, wie all die medialen Kinder sich als eines fühlen. Wir wissen voneinander, weil wir miteinander verbunden sind, und eines Tages werden die Erwachsenen in aller Welt das genauso erkennen.«

Ivan

Später am Nachmittag kam Bruder Matthias zu mir.
»Sind Sie bereit, mit einem anderen Kind zu sprechen?«, fragte er.
»Natürlich bin ich das.« Ich klappte das Buch zu, in dem ich gerade gelesen hatte.
Er winkte mir, ihm zu folgen und führte mich zu dem gleichen Raum, in dem wir auch morgens gesessen hatten. Ich setzte mich auf einen der Stühle und er sagte, er käme gleich wieder. Bei seiner Rückkehr war ein etwa sechs- bis siebenjähriger Junge bei ihm. Bruder Matthias legte ihm eine Hand auf die Schulter und sagte etwas auf Bulgarisch zu ihm. Daraufhin kam der Junge zu mir herüber, lächelte und streckte mir seine Hand entgegen.
»Schön, dich kennenzulernen«, sagte ich und gab ihm die Hand.

Der Junge sagte etwas zu Bruder Matthias und schaute dann wieder zu mir. »Was hat er gesagt?«, fragte ich.
»Er hat gefragt, ob Sie derjenige seien, auf den sie gewartet haben.« Er schloss die Türe hinter sich und setzte sich zu uns. Der Junge schaute mir immer noch in die Augen.
»Was soll das heißen?«, fragte ich. »Warten sie auf jemanden?«
»Ja, sie wussten alle, dass jemand hierher kommen würde, der ihnen bei ihrer Arbeit helfen könnte. So weit ich das verstehe, heißt das, anderen von ihnen zu erzählen und die Frage zu stellen.«
»Ja, ich weiß von der Frage. Sie kennen sie alle?«
»Natürlich, alles lässt sich auf die eine oder die andere Art auf die Frage zurückführen. Es ist merkwürdig, aber so erkennen wir die *Kinder von Oz*, sie kennen immer die Frage, auch wenn sie sie unterschiedlich ausdrücken. Wenn wir die Kinder testen, dann fragen wir immer, ob es eine Frage gibt, die sie den Erwachsenen dieser Welt gerne stellen würden. Die meisten schauen uns verständnislos an, oder sie sagen etwas Gewöhnliches. Doch ab und zu schaut uns ein Kind daraufhin direkt in die Augen und sagt das Richtige: ›Wie würdest du dich verhalten, wenn die Liebe gerade hier wäre?‹ oder so etwas in der Art. Das ist, was Ivan gesagt hat. Ich glaube, das waren genau seine Worte.«

Ivan schaute mich immer noch an, dann sagte Bruder Matthias etwas zu ihm und er setzte sich auf das Sofa. Seine Hände lagen gefaltet in seinem Schoß und seine Füße baumelten in der Luft. Er sah nicht anders aus als andere Jungen in seinem Alter.
»Erzählen Sie mir etwas über ihn«, bat ich Bruder Matthias. »Wie lange ist es her, dass Sie die Gabe bei ihm entdeckt haben?«
»Etwas über ein Jahr«, antwortete er. »Es ging alles sehr schnell. Seine Mutter brachte ihn dann vor etwa drei Monaten hierher, weil er ein ziemliches Durcheinander verursachte. Seine Begabung liegt vor allem im kinetischen Bereich, das heißt er kann Objekte bewegen, Metall verbiegen und sogar Dinge zerbrechen, wenn er wütend ist. Wir helfen ihm hier, mit seinen Aggressionen besser umgehen zu lernen, genauso wie andere Kinder das auch lernen müssen. Seine Kräfte nehmen beständig zu, keiner weiß, wohin sie noch führen werden.«
Ivan sagte etwas zu Bruder Matthias und drehte sich dann wieder zu mir.

»Er hat gehört, dass Sie auch Dinge verbiegen können«, übersetzte Bruder Matthias. »Er möchte Ihnen ein paar Fragen dazu stellen.«

Den Rest der Unterhaltung gebe ich so wieder, wie ich ihn in Erinnerung habe und lasse um der einfacheren Lesbarkeit willen auch hier die Übersetzung weg, als hätten Ivan und ich uns direkt unterhalten.
»Was möchtest du mich denn gerne fragen?«, wandte ich mich an den Jungen.
»Bruder Matthias hat gesagt, dass du Dinge mit deinem Geist verbiegen kannst. Ich kann das nämlich auch. Ich würde gerne wissen, wie sich das in dir anfühlt. Wenn du etwas verbiegst, fühlt sich das dann so an, als ob sich auch etwas in dir verbiegt?«
Ich musste einen Augenblick lang darüber nachdenken. »So habe ich das noch nie gesehen«, sagte ich, »aber ich glaube, du hast Recht. Das Metall verbiegt sich erst, wenn etwas in mir sich biegt, aber es ist ein schwer zu beschreibendes Gefühl. Wie fühlt es sich für dich an?«
»Ich spüre die Biegung und dann geschieht sie. Ich versuche zu spüren, wie glücklich es mich machen wird, wenn es geschieht, und dieses Gefühl wird immer stärker, bis etwas in mir passiert. Dann schaue ich auf das Metall und es ist verbogen. Ich weiß nicht genau, wie es geschieht, aber es ist so. Wenn ich Dinge bewege, ist es genauso. Wenn ich nur an die Bewegung denke, passiert überhaupt nichts, aber wenn ich sie spüre, dann geschieht es auch. Ich spüre es im Bauch, du auch?«
»Ja, ich spüre es auch im Bauch«, sagte ich zu ihm. »Es ist ein starkes Gefühl. Wie hast du festgestellt, dass du so etwas kannst, Ivan?«
»Ich spielte eines Tages mit meinem Bruder und habe mich über ihn geärgert, da habe ich einen Stein an seinen Kopf fliegen lassen. Ich habe ihn nicht geworfen, ich habe ihn einfach durch die Luft fliegen lassen. So etwas mache ich jetzt aber nicht mehr.« Er klang dabei ganz traurig.
»Warum?«, wollte ich wissen.
»Bruder Matthias sagt, dass es nicht gut ist, die Gabe auf diese Art zu verwenden. Ich soll sie nur benutzen, um Menschen zu helfen oder um meine Liebe zum Ausdruck zu bringen. Außer-

dem macht es mich krank, wenn ich sie aus Wut benutze oder weil ich mich geärgert habe.«
»Wie meinst du das?«
»Im Kopf, es pocht dann ganz stark in meinem Kopf.«
»Erzähl mir mehr davon«, bat ich ihn. »Das kenne ich nämlich auch.«
»Wenn ich die Gabe liebevoll verwende, dann fühle ich mich gut dabei«, sagte Ivan und schaute mich mit großen Augen an. »Aber wenn ich jemanden damit verletze, dann tue ich mir selbst damit weh. Bruder Matthias sagt, das ist so, weil alles zu uns zurückkommt, oder so ähnlich.«
Sie lächelten einander zu. Ivans kindliche Unschuld verbreitete eine völlig entspannte Atmosphäre. Er schien mir nicht so weise zu sein wie Anna, aber er lebte auf jeden Fall in einer anderen Welt als die meisten anderen Kinder.
»Wie geht es dir mit den anderen Kindern?«, fragte ich ihn.
»Gut, denn sie verstehen mich besser. Aber meine Mutter fehlt mir.«
»Was ist mit deinem Vater?«
»Mein Vater starb, bevor ich geboren wurde. Zu Hause ist nur meine Mutter und mein Bruder, ich muss also bald zurück und mich um sie kümmern. Vielleicht kann ich ja die Gabe dafür benutzen.«
»Hast du eine Idee, wie du das tun willst?«, fragte ich.
»Nein, aber ich denke darüber nach. Vielleicht kann ich das Geld aus der Bank in unser Haus kommen lassen.« Er lachte vergnügt und klatschte in die Hände, aber als Bruder Matthias etwas zu ihm sagte, wurde er wieder ernster.
»Vielleicht fällt mir noch etwas anderes ein«, meinte er.
»Kannst du all die anderen Kinder in dir spüren«, wollte ich wissen, »all die Kinder auf der ganzen Welt, die auch die Gabe haben?«
»Ja«, antwortete er schlicht.
»Und wie fühlt sich das an?«
»Ich weiß nicht.«
»Macht es dich glücklich?«, hakte ich nach und wunderte mich, warum er nicht darüber reden mochte.
»Ich glaube, es fühlt sich einfach gut an.«
»Was meinst du mit: gut?«
Er schaute hilfesuchend zu Bruder Matthias, doch der rührte sich

nicht. »Es ist schön, dass es viele andere Kinder gibt, die das Gleiche sehen wie ich«, sagte er schließlich.
»Was siehst du?«
»Ich sehe viele Dinge. Ich sehe, wie die Menschen leben und wie es sich verändern könnte, wenn alle die Frage leben würden.«
»Du meinst die Frage, die die Kinder der Welt stellen wollen?«
»Genau. Kennst du sie?«, fragte er mich.
»Ich will dir sagen, was ich weiß und du kannst mir sagen, ob es stimmt.« Er nickte. »Also: Wie würdest du dich jetzt verhalten, wenn du ein Abgesandter der Liebe wärst? Fang an! Ist das richtig?«
»Stimmt genau. Hat es dir jemand gesagt oder bist du selbst darauf gekommen?«
»Ich bin einem kleinen Jungen wie dir begegnet, und der hat es mir gesagt. Er kam auch aus Bulgarien. Sein Name ist Marco und er hat auch hier im Kloster gelernt. Ich bin hier, um ihn wieder zu finden. Hast du ihn schon mal gesehen?«
»Nein, aber ich erinnere mich an ihn.«
»Wie meinst du das?«
»Ich bin ihm nie begegnet, aber ich habe ihn in mir gespürt. Jetzt aber nicht mehr, ich weiß auch nicht, warum.«
»Meinst du, er ist irgendwo hingegangen?«, fragte ich.
»Keine Ahnung, ich spüre ihn einfach nicht mehr.«
»Ivan«, unterbrach Bruder Matthias, »möchtest du James mal etwas zeigen, vielleicht etwas für ihn verbiegen?«
Ivan nickte zustimmend. Bruder Matthias zog einen Löffel aus seiner Kutte. Ich fragte mich, ob er wohl immer etwas Besteck mit sich herumtrug, um jederzeit bereit zu sein, wenn es die Situation ergab. Er ging zur anderen Seite des Raumes und legte den Löffel unter eine große Keramikschüssel. Dann setzte er sich wieder zu uns.
»Wir arbeiten mit Ivan zurzeit daran, Metall ortsungebunden zu verbiegen«, erklärte er. »Er soll also einen Löffel verbiegen, ohne ihn zu berühren. Wir haben mit kleinen Zweigen angefangen, die er vom Nachbarzimmer aus zerbrechen sollte. Am Anfang fiel es ihm sehr schwer, doch dann erkannte er, dass die räumliche Distanz zwischen ihm und dem Objekt keine Rolle spielte. Wir haben erst kürzlich angefangen, das Gleiche mit Metall zu versuchen, bisher mit gutem Erfolg.« Er wandte sich Ivan zu. »Willst du es mal versuchen?«

»Ich bin schon fertig«, sagte Ivan.
»So schnell schaffst du das doch nicht«, meinte Bruder Matthias erstaunt, aber ich wusste, dass Ivan die Wahrheit sagte, denn ich hatte gefühlt, wie er es tat. Sein Blick blieb die ganze Zeit unverändert, aber ich spürte die Energie, die von ihm ausging, ich sah fast, wie sie sich zu der Schüssel hinbewegte. Ich hatte auch das Gefühl, durch die Schüssel hindurchsehen zu können, was ich noch nie erlebt hatte. Ich wusste nicht, ob ich es mir vielleicht nur einbildete, aber ich konnte sehen, wie sich der Löffel verbog, als hätte ich Röntgenaugen. Bruder Matthias ging hinüber und hob die Schüssel hoch.
»Meine Güte«, sagte er und hielt den Löffel in die Luft. Das Metall war nicht nur gebogen, es war dreifach spiralförmig gedreht. »So schnell hast du das noch nie geschafft, Ivan. Deine Kräfte werden täglich stärker.«
»Er hat mir geholfen«, sagte Ivan und deutete auf mich.
»Wie hat er dir geholfen?«
»Ich habe etwas von seiner Energie verwendet, weil ich gesehen habe, dass er auf den Löffel schaute. Er konnte durch die Schüssel sehen, das hat mir geholfen.«
Bruder Matthias schaute mich an. »Stimmt das?«
»Ich glaube, ja. Obwohl ich nicht weiß, wie ich es getan habe. Ich war mir noch nicht einmal bewusst, überhaupt irgendetwas getan zu haben. Es geschah einfach.«
»Das ist äußerst faszinierend. Ich habe das noch nie erlebt, aber es scheint so, als ob Ivan und Sie zusammenarbeiten können, weil sie die Gabe in ähnlicher Weise haben. Das könnte von großer Bedeutung sein. Wenn wir Kinder zusammenbringen, die über die gleichen Kräfte verfügen, dann könnten sie zusammenwirken. Darüber müssen wir nachdenken.«
Ich spürte, dass Ivan müde wurde, vielleicht durch die Anstrengung mit dem Löffel. »Vielleicht reicht das jetzt erst mal«, sagte ich. »Ich bin sehr froh darüber, Ivan kennengelernt zu haben.« Ich streckte meinen Arm aus und berührte seine Hand. »Vielleicht können wir zu einem anderen Zeitpunkt wieder zusammenarbeiten und etwas Sinnvolleres tun als Löffel verbiegen.«
Er grinste und nickte heftig. Bruder Matthias nahm ihn an die Hand und ging mit ihm zur Tür hinaus.

Thomas

Am nächsten Tag sollte ich mit den anderen beiden Kindern sprechen. Erstaunlicherweise hatte ich seit meiner Ankunft kein Kind irgendwo spielen oder herumlaufen sehen. Ich hatte keine Ahnung, wo sie untergebracht waren oder wo ihr sogenannter Unterricht stattfand. Selbst hier schien ein Schleier der Geheimhaltung über allem zu liegen und ich fragte mich nach dem Grund dafür. Waren sie einzeln oder gemeinsam untergebracht? Lernten sie in Gruppen oder individuell? Ich wusste nicht, ob ich das je erfahren würde.

Früh am nächsten Morgen klopfte es an meiner Tür. Als ich öffnete, stand einer der Brüder davor und bedeutete mir mit der Hand, ihm zu folgen. Ich spritzte mir schnell ein bisschen Wasser ins Gesicht. Ohne mir auch nur die Zähne zu putzen, lief ich durch den Flur hinter ihm her. Es war erst halb sieben. Ich hatte im Halbschlaf die Mönche bei ihrem Frühgebet gehört, die Geräusche waren in meine Träume gedrungen und hatten mich in die Kirche meiner Kindheit zurückversetzt. Während ich dem Mönch aus dem Haus und einen schmalen Weg entlang folgte, erinnerte ich mich an meinen Traum: *Ich war ein Messdiener gewesen und die Messe sollte gleich beginnen. Ich stand vor dem Altar und suchte nach dem Priester, der die Messe halten sollte. Die Kirche war gut gefüllt und die ganze Gemeinde schaute auf mich, als ob ich wissen sollte, was zu tun sei. Ich suchte in der Sakristei, aber es war niemand da. Ich ging zum Altar zurück und immer noch kam kein Priester. Schließlich stand ein Mann auf und sagte: »Fang einfach ohne ihn an.« Und das tat ich auch. Ich hielt die ganze Messe, inklusive der Heiligung der Sakramente, alles in meinem Messdienergewand. Doch es erschien mir völlig natürlich. Die Menschen kamen zur Kommunion und nahmen die Hostie aus meinen Händen. Ich reinigte den Kelch und sprach das Schlussgebet.* In diesem Augenblick hatte der Mönch an die Tür geklopft und bevor ich mich versah, lief ich hinter ihm her durch die Wiesen.

»Wo gehen wir hin?«, fragte ich ihn. Er schien mich nicht zu verstehen und zuckte mit den Schultern. Ein paar Minuten später kamen wir zu einem wunderschönen Altar, der hier im Freien mitten zwischen Rosenbüschen stand. Bruder Matthias war da, und bei ihm war ein Junge, wahrscheinlich das dritte Kind, mit dem ich sprechen sollte. Er schien etwa zehn Jahre alt zu sein und erinnerte mich stark an Marco. Er hatte die gleichen kurzen, dunklen Haare und diese tiefen Augen, von denen ich mich völlig durchschaut fühlte, während ich auf ihn zuging.

»Guten Morgen«, sagte Bruder Matthias und nickte seinem Mitbruder zu, der daraufhin verschwand. »Sie wundern sich vielleicht, warum Sie hierher gebracht wurden und nicht in den Raum, wo die anderen Gespräche stattfanden. Ich werde es Ihnen gleich erklären, doch zuerst möchte ich Ihnen Thomas vorstellen. Er ist auch eines unserer Kinder.« Er sagte etwas zu Thomas. Die Antwort des Jungen brachte ihn zum Lachen. »Thomas sagt, dass er sich so fühlt, wie Sie aussehen, als ob wir sie beide noch etwas hätten schlafen lassen sollen.«

»Das hat er gut beobachtet«, erwiderte ich. »Sagen Sie ihm, dass ich mich sehr darüber freue, ihn kennenzulernen.«

Nachdem Bruder Matthias ihm dies übersetzt hatte, wandte er sich wieder an mich. »Dies ist ein besonderer Ort. Hier wurde die erste Messe auf diesem Grundstück gelesen. Früher stand hier eine Kapelle, doch sie wurde vor etwa einhundert Jahren zerstört. Uns ist dieser Platz sehr heilig und ich dachte, es sei ein guter Ort, um Sie mit Thomas zusammenzubringen.«

»Warum?«

»Ich habe herausgefunden, dass manche der Kinder, und besonders Thomas, draußen besser sind. Ich glaube, dass es etwas mit der Natur zu tun hat, in keiner künstlichen Umgebung zu sein. Außerdem habe ich auch Sie viel zu lange drinnen gehalten, und es ist ein so wunderschöner Morgen. Ich dachte, es wäre eine nette Abwechslung.«

»Hat Thomas eine besondere Begabung wie die anderen Kinder?«, fragte ich.

»Allerdings. Thomas kann durch Dinge hindurchsehen, manchmal sogar durch Wände. Ich weiß nicht, ob das genau beschreibt, was er tut, aber so wirkt es. Er kann Dinge an anderen Orten sehen und Briefe lesen, die in einem Umschlag stecken. Wenn Sie wollen, können wir ihm etwas geben, das er eine Weile halten kann. Manchmal redet er nämlich einfach über irgendetwas, und scheint das Papier völlig vergessen zu haben, doch dann, wie aus heiterem Himmel, weiß er es plötzlich.«

Bruder Matthias gab mir ein Stück Papier, einen Umschlag und einen Stift. Ich sollte ein Stück beiseite gehen, damit sie mich nicht sehen konnten. Ich malte ein einfaches Bild auf das Blatt. Normalerweise wurde etwas auf den Zettel geschrieben, doch da ich kein bulgarisch und Thomas kein englisch konnte, hielt ich dies für die beste Lösung. Ich malte ein Haus mit zwei Fenstern im zweiten Stock und eine Sonne mit welligen Strahlen darüber. Dann steckte ich es in den Umschlag und klebte ihn zu.
»Jetzt geben Sie ihn Thomas«, sagte Bruder Matthias.
Der Junge steckte ihn sofort unter seine Achsel.
»Was macht er da?«, wollte ich wissen.
»So macht er es eben. Er steckt es immer dort hin und glaubt, dass es so besser funktioniert. Vielleicht stimmt das, vielleicht ist es aber auch nur so eine Idee. Ich weiß es nicht. Jetzt warten wir einfach ab, ob er einen Eindruck bekommt.«
Thomas sagte etwas auf Bulgarisch zu Bruder Matthias, der erstaunt antwortete. Thomas wollte mich offensichtlich etwas fragen, aber Bruder Matthias schien nicht einverstanden.
»Gibt es ein Problem?«, fragte ich dazwischen.
»Nein«, sagte Bruder Matthias. »Thomas sagt nur immer wieder, dass er möchte, dass Sie an diesem Altar die Messe halten sollen. Ich sagte ihm, dass Sie kein Priester seien, doch er besteht darauf. Ich verstehe das nicht.«
»Er will, dass ich hier die Messe halte?«, fragte ich, doch inzwischen sprach Thomas weiter und Matthias hörte ihm zu.
»Er sagt, das Messdienergewand war nur ein Symbol«, übersetzte er. »Ich verstehe das nicht, aber er sagt, dass es um das Kind in Ihnen geht, den Teil von Ihnen, der weiß, wie die Gabe einzusetzen ist.« Er hörte wieder dem Jungen zu. »Er sagt, dass es beim Abhalten der Messe für Sie um die Kommunion mit der Gabe in Ihnen geht. Nur wenn Sie diese Kommunion erfahren, können Sie den Kindern helfen, ihre Mission zu erfüllen.«
»Das ist erstaunlich«, meinte ich.
»Wie gesagt verstehe ich das alles auch nicht, vielleicht können Sie mir weiterhelfen.«

Ich erzählte Bruder Matthias von dem Traum, aus dem ich heute Morgen geweckt wurde. Thomas hatte ihn mir wunderbar erklärt.

»Würden Sie ihn bitte fragen, warum kein Priester da war? Ich glaube, das war von Bedeutung.«
Während Thomas die Frage beantwortete, flackerte sein Blick hin und her, als ob er in seinem Kopf nach der Antwort suche. Er wiegte sich auch vor und zurück, jedoch nur, wenn er seine Informationen abfragte.
»Er sagt, es ist an der Zeit für Sie, die Kirche Ihrer Kindheit hinter sich zu lassen«, übersetzte Matthias. »Sie ist Ihnen nicht mehr dienlich. Er sagt, Sie versuchen an alten Mustern festzuhalten und mit deren Hilfe neue Dinge zu tun. Das geht nicht. Warte nicht auf irgendjemanden, sagt er, sondern steh' einfach auf und sag, was zu sagen ist, das wird den Hunger der Menschen stillen.«
»Woher weiß er diese Dinge?«, fragte ich.
»Wie wissen all diese Kinder solche Dinge? Deswegen sind sie hier, um den verantwortungsvollen Umgang mit ihren Gaben zu lernen. Wenn Thomas wirklich Zugang zu Ihrem Traum hatte, dann war es das erste Mal, dass er diese Fähigkeit gezeigt hat. Aber es überrascht mich nicht sehr, denn diese Kinder entwickeln ständig neue Begabungen, besonders im Kontakt miteinander. Wenn sie mit gleichartigen Kindern zusammen sind, scheinen sich ihre Kräfte wie durch Osmose zu verstärken.«
Auch hier will ich den Rest der Unterhaltung wiedergeben, als hätten wir keinen Übersetzer zwischen uns gehabt.
Wir setzten uns auf eine Bank vor dem Altar und ich fragte ihn, ob er je zuvor den Traum eines anderen Menschen gesehen hätte.
»Schon ein- oder zweimal, aber ich habe es noch nie gesagt.«
»Warum hast du es mir gesagt?«
»Weil du mich darum gebeten hast. Als ihr auf uns zugekommen seid, konnte ich spüren, dass du mich nach der Bedeutung des Traumes gefragt hast. Ich sah sie und beschloss, es dir zu erzählen.«
»Aber ich erinnere mich nicht daran, dich etwas gefragt zu haben«, wandte ich ein.
»Es war der Gedanke hinter deinem Gedanken. Du wusstest vielleicht nicht, dass du gefragt hast, aber du hast es getan. Ich habe es wie ein Echo gehört und wusste, was es bedeutet. Ich höre schon seit einer Weile solche Echos. Zuerst habe ich nur den Hauptgedanken gehört, doch dann kam die nächste Ebene und manchmal sogar die dritte, der Gedanke hinter dem Gedanken

hinter dem Gedanken. Keiner ist sich dieser Gedanken bewusst, aber es gibt sie.«
»Liest du die Gedanken anderer Menschen absichtlich oder geschieht es von selbst?«, wollte ich von ihm wissen.
Er dachte ein wenig nach. »Beides, glaube ich. Manchmal höre ich etwas und kann dann nicht anders als genauer hinhören. Das ist wahrscheinlich nicht so gut. Bruder Matthias sagt, dass wir immer um Erlaubnis bitten und nicht ungefragt eindringen sollen.«
»Du hast eben gesagt, dass ich Kommunion mit der Gabe erfahren müsse, um den Kindern bei der Erfüllung ihrer Mission zu helfen. Was ist denn deiner Meinung nach die Mission der Kinder?«
»Ich weiß nicht, wie ich das genau sagen soll. Es hat mit unserer Frage zu tun. Jeder muss die Frage hören, deswegen tauchen immer mehr derart begabte Kinder auf. Vielleicht sollst du den Menschen erzählen, dass wir hier sind, dann verstehen sie es besser. Deswegen hat Marco dich gefunden, um dich hierher zu bringen.«
Wieder bedeutete Bruder Matthias dem Jungen mit einem Blick, nicht weiter über Marco zu sprechen. Wenn ich nicht von den Kindern und ihren Lebensumständen so fasziniert gewesen wäre, hätte es mich vielleicht misstrauisch gemacht. So beschloss ich einfach, auf den richtigen Augenblick zu warten, um ihn danach zu fragen.
»Es tut mir leid«, sagte Bruder Matthias, »aber ich möchte, dass die Kinder nur über ihre eigenen Erfahrungen sprechen. Ich werde zu gegebener Zeit wie versprochen alle Ihre Fragen über Marco beantworten. Bitte fahren Sie mit dem Gespräch fort.«
»Thomas, warum möchtet ihr, dass ich euch dabei helfe, eure Frage zu stellen?«, wandte ich mich wieder an den Jungen.
»Ich weiß nicht, ich habe dich nicht ausgewählt, das war jemand anderes.«
»Marco?«
»Vielleicht, ich weiß es nicht.«
Hier kam ich offenbar nicht weiter, also wechselte ich das Thema.
»Wollt ihr, dass ich ein Buch über *die Kinder von Oz* schreibe?«, fragte ich. »Das wäre nicht schwer für mich. Ich glaube, dass die Menschen diese Botschaft hören wollen, und sie wollen auch von euch erfahren.«

»Ein Buch?« Thomas bekam große Augen. »Du könntest ein Buch über uns schreiben? Das wäre großartig. Was würdest du schreiben?«
»Ich würde von meinen Erfahrungen mit dir und den anderen Kindern erzählen, und ich würde über die Frage schreiben, die ihr an die Welt habt. Ich glaube, dass viele Menschen an so einem Buch interessiert wären.«
Er sprang von der Bank. Dabei fiel ihm der Umschlag aus der Achsel. Er hob ihn auf und reichte ihn mir.
»Ein Haus mit einer Sonne darüber«, meinte er lakonisch und fuhr dann aufgeregt fort: »Würde ich auch in dem Buch vorkommen? Würdest du davon erzählen, wie ich deinen Traum gesehen habe?«
»Wenn du willst.«
»Klar will ich. Das wäre toll!«
»Thomas, seit wann wusstest du, was auf dem Zettel unter deinem Arm war?«, fragte ich ihn. Er schaute erst weg und dann fast schuldbewusst zu Bruder Matthias.
»Ich wusste es schon, bevor du ihn mir gegeben hast«, sagte er schließlich. »Ich wollte es nicht zu schnell sagen. Ich kann es nicht immer so gut, aber bei dir war es leicht.«
»Warum?«
»Weil du die Gabe hast, wie die anderen Kinder.«
»Kannst du die Gedanken der anderen Kinder so lesen, wie du meine Gedanken liest?«
»So würde ich das nicht sagen«, meinte er. »Genauso wie wir keine große Geschichte daraus machen, wenn wir uns hier mit unseren Mündern unterhalten, so ist es für uns Kinder auch keine große Geschichte, uns in unseren Gedanken zu unterhalten.«
»Wie oft bist du mit den anderen Kindern zusammen?«
»Meinst du körperlich?«
»Ja.«
»Keine Ahnung, ziemlich viel. Meistens jeden Tag. Aber auch wenn wir nicht körperlich zusammen sind, heißt das nicht, dass wir nicht zusammen sind. Ich kann sie immer spüren. Ich spüre alle Kinder auf der ganzen Welt, die so sind wie ich.«
»Das habe ich schon mal gehört«, warf ich ein. »Wie fühlt sich das an?«
»Wie meinst du das?«

»Fühlt es sich merkwürdig an, so viele Kinder in dir zu spüren?«
Er lachte laut auf. »Nein, überhaupt nicht. Du solltest das auch können, wenn du die Gabe hast. Kannst du ihre Gedanken nicht in deinem Kopf spüren? Bist du dir nicht aller anderen bewusst?«
»Nein, das bin ich nicht.«
»Nun, das kommt noch. Bald wird jeder das können. Es läuft einfach darauf hinaus. Es wartet schon hinter der nächsten Ecke.«

Sonja

Am Nachmittag desselben Tages wurde ich noch einmal zu dem Raum geführt, in dem ich die ersten Kinder kennengelernt hatte. Als Bruder Matthias kam, setzte er sich mir gegenüber und schaute mir tief in die Augen. »Alle Kinder, die wir hier haben, sind etwas Besonderes«, fing er an, »aber Sonja, die Sie gleich kennenlernen werden, ist wirklich einzigartig. Sie ist erst seit ein paar Monaten hier, und vielleicht bleibt sie auch nur noch ein paar Monate, aber ihre medialen Fähigkeiten sind stärker als die von fast jedem Kind, das ich bisher erlebt habe, mit Ausnahme von Marco. Die beiden liegen jedoch dicht beieinander. Die Liebe, die von diesem Kind ausgeht, ist – wie soll ich sagen – sie ist einfach unglaublich. Ich habe das Gespräch mit ihr als letztes angesetzt, weil sie in vieler Hinsicht die Vollendung der anderen ist. Sie kann die gleichen Dinge tun, wie die anderen Kinder, aber sie tut es nur selten, vielleicht weil ihr Herz nur auf eines konzentriert ist: auf Liebe. Sie ist das mitfühlendste Kind, das mir je begegnet ist und ihr Herz ist weit offen. Ich glaube, dass die Begegnung mit ihr Ihnen Freude bereiten wird.«
Bruder Matthias stand auf und verließ den Raum. Mein Herz begann laut zu schlagen, als ob ich gleich Jesus oder einem der anderen aufgestiegenen Meister begegnen würde. Nur Sekunden später öffnete sich die Türe wieder und ein kleines Mädchen spazierte vor Bruder Matthias herein. Sie war höchstens sieben Jahre alt, hatte schulterlanges, braunes Haar und ihr breites Lächeln strahlte wie die Sonne. Sobald sie den Raum betrat, begegneten sich unsere Augen und schienen eine Ewigkeit lang nicht mehr voneinander lassen zu wollen. Sie kam direkt auf mich zu, schlang ohne zu zögern ihre Ärmchen um meinen Hals und

ließ sich einfach in meine Seele fallen. Ich konnte spüren, wie sie die tiefsten Aspekte meines Seins berührte und liebte und meinem Herzen neues Leben einhauchte. Als sie mich losließ und mir wieder in die Augen schaute, fühlte ich mich wie ein neuer Mensch, als ob ihre Arme ausreichen würden, das ganze Universum zu besänftigen.

»Das ist Sonja«, vernahm ich die Stimme von Bruder Matthias wie aus weiter Ferne. »Sie möchte Sie wissen lassen, dass sie genauso wie die anderen Kinder auf Sie gewartet hat. Sie wussten, dass jemand kommen würde, der ihre Mission lebendig machen würde, der ihnen helfen würde, ihre Frage in der ganzen Welt zu verbreiten. Und sie glauben, dass Sie dieser Mensch sind.«

Sonja schaute mir die ganze Zeit unverwandt in die Augen. In ihrem Blick lag Kraft und Schönheit. Auch ich konnte meinen Blick nicht von ihr wenden, ihr Licht nahm mich völlig ein, schien mit meinem zu verschmelzen. In diesem Augenblick gab es keinen Ort, wo ich hin wollte, nichts, was ich tun musste, keine Worte. Irgendwie war ich erfüllt, ohne genau sagen zu können, was das bedeutete.

Ohne den Blick abzuwenden, sagte sie etwas zu Bruder Matthias. »Sie möchte wissen, ob Sie sie schon einmal gesehen haben?«

»Schon einmal gesehen habe? Ich verstehe die Frage nicht.«

Bruder Matthias sprach mit Sonja auf Bulgarisch und sie antwortete ihm. Ihr Blick hielt mich immer noch wie ein mächtiger Strahl im Bann. »Sie sagt, dass sie beide schon einmal zusammen waren, vielleicht zu einem anderen Zeitpunkt, in einem anderen Leben..., ich weiß nicht so recht, aber sie scheint sich ganz sicher zu sein.«

Ich hielt ihrem Blick weiterhin stand und sie schien noch tiefer in meine Seele zu schauen, als sie es ohnehin schon tat. Meine Gedanken lösten sich in einer herrlichen Lichtwolke auf. Zunächst blendete mich das Licht und ich sah nichts als wirbelndes Weiß, doch dann tauchte ein Bild auf, erst nur schwach, dann immer deutlicher, bis es in aller Klarheit vor mir stand. Als kleiner Junge hatte ich in Indianapolis gelebt, und ich sah, wie ich durch unseren Garten rannte. Ich konnte kaum glauben, wie viele Details ich wahrnahm, denn ich hatte diesen Ort völlig vergessen. Wir waren dort weggezogen, als ich vier Jahre alt war, und ich kannte das Haus nur von alten Familienfilmen. Mein Bruder spielte auf der anderen Seite des Gartens mit einem Plastikschläger und einem Ball und ich rannte einfach vergnügt durch den Garten. Die Hintertür unseres Hauses öffnete sich und meine Mutter trat mit einer älteren, weißhaarigen Frau zusammen heraus. Das war unser Babysitter, und ich freute mich riesig, sie zu sehen. Ich rannte auf sie zu, schlang ihr die Arme um den Hals und jauchzte vor Freude.

»Ja, lieber James, ich bin's, Tante Marmie. Wir machen uns jetzt einen wunderschönen Nachmittag.«

Als meinem Bruder klar wurde, dass meine Mutter gehen wollte, fing er an zu weinen und rannte hinter ihr her.

»Ist ja schon gut«, tröstete ihn meine Mutter. »Ich bin nur ein paar Stunden weg und Tante Marmie passt gut auf euch auf.«

Mir war das völlig egal, ich war ganz damit beschäftigt, Tante Marmie zu umarmen und kümmerte mich nicht um meinen Bruder oder um die Rückkehr meiner Mutter. Mein Herz war voller Liebe, denn ich wusste, dass Tante Marmie mich liebte, und es war immer ein Abenteuer, wenn sie da war. Ich saß dann auf ihrem Schoß und sie erzählte mir Geschichten von Jesus und den Heiligen, und dann setzte sie meinen Bruder und mich in den roten Wagen und zog uns um den Block. Es war eine der glücklichsten Zeiten meiner Kindheit gewesen, aber ich hatte keine bewusste Erinnerung mehr daran gehabt, bis zu diesem Augenblick.

Dann geschah etwas Merkwürdiges. Sonjas Kinderaugen schienen sich zu verändern und älter zu werden, weiser. Es waren Marmies Augen und plötzlich begriff ich.

»Du warst Marmie«, flüsterte ich dem Mädchen zu. »Jetzt erinnere ich mich an dich. Damals, als ich drei Jahre alt war...Ich habe dich so geliebt!« Tränen stiegen mir in die Augen.

»Marmie«, wiederholte Sonja, und ich wusste, dass sie sich der ganzen Geschichte bewusst war.

»Jetzt verstehen Sie, was ich meinte«, ließ sich Bruder Matthias nach einer Weile vernehmen und brach damit den Bann.

»Wie hat sie das gemacht?«, fragte ich Bruder Matthias.

»Soll ich sie das fragen?«

Ich nickte und er wiederholte ihr meine Frage.

»Sie sagt, Liebe hält ewig«, übersetzte Bruder Matthias ihre Antwort. »Wenn zwei Herzen zueinander finden, so ist die Erinnerung an diese Begegnung der Seele des Universums unauslöschlich eingeprägt. Damals waren sie ein Kind, nicht viel jünger als sie jetzt ist, und jetzt sind Sie zurückgekommen, um ihr ein ähnliches Geschenk zu machen. Sie sind gekommen, ihr zu helfen, die Liebe überall zu verbreiten.«

»Ist das die wahre Aufgabe der *Kinder von Oz*?«, fragte ich.

»Natürlich. Es ist die einzige Aufgabe, die es gibt, oder? Die Kinder erfüllen sie, indem sie ihre Frage stellen, doch wir sind alle aufgerufen, das Gleiche zu tun, auf unsere Art. Sie reisen um die Welt, singen Ihre Friedensgebete und erinnern die Menschen damit an die Liebe. Ich gehe meinen priesterlichen Verpflichtungen nach, alles um der Liebe willen. Es ist immer dieselbe Aufgabe, mit unendlich vielen unterschiedlichen Ausführungsmöglichkeiten.

Ich sah wieder Sonja an und ihr strahlendes Lächeln kehrte zurück. Sie hatte die ganze Zeit vor mir gestanden und setzte sich jetzt mir gegenüber auf einen Stuhl. Damit begann unser eigentliches Gespräch.

»Sonja, kannst du mir etwas über die Liebe erzählen, die du fühlst, oder über die Aufgabe der Kinder, die so sind wie du?«

Sie lachte, als hätte ich eine komische Frage gestellt. »Ich kann dir nichts über die Liebe erzählen«, sagte sie. »Wenn ich das täte, wäre es nicht echt, denn Liebe hat nichts mit Worten zu tun. Viele Menschen reden von Liebe, aber sie verstehen sie nicht. Sie denken, dass es etwas ist, was sie finden können, oder was ihnen begegnen kann. Aber mit echter Liebe hat das nichts zu tun.«

»Was ist echte Liebe?«, fragte ich.

»Du hast es schon wieder getan«, rief sie vergnügt. »Siehst du, wie schwierig es ist? Auch wenn wir uns noch so sehr bemühen, es ist fast unmöglich. Wir wollen die Dinge mit unserem Verstand erfassen, und dann wollen wir, dass das, was wir verstanden haben, aus unseren Mündern kommt. Aber der Verstand kann Liebe nicht begreifen, weil sie nichts mit Denken zu tun hat.«

»Wie können wir denn Liebe begreifen?«

»Fragst du mich das, weil du es nicht weißt oder weil ich sagen soll, was du schon weißt?«

»Gute Frage, ich glaube, ein bisschen von beidem«, gab ich zu.

»Na gut, dann will ich dir erzählen, was ich weiß. Wenn dein Herz wirklich offen ist, ich meine WIRKLICH offen, dann hört der Verstand auf, die Liebe erklären zu wollen und der Mund schließt sich mehr oder weniger von alleine. Ich glaube, du wirst zu Liebe, und das macht einen Riesenunterschied. Du kannst jedoch nicht erfahren, was du bist, wenn du nicht einen Spiegel hast. Wenn du also zu Liebe wirst, rate mal, in welchem Spiegel du dich dann erkennen kannst?«

»Keine Ahnung.«

»Doch, du weißt es, ich spüre, dass du es weißt.« Sie lächelte mich an und ich spürte sofort, was sie meinte.

»In jedem, dem wir begegnen«, sagte ich. »Jeder Mensch, mit dem wir in Kontakt kommen, ist ein Spiegel, der uns die Liebe sehen und fühlen lässt.«

»Genau. Ich wusste doch, dass du es weißt. Ich erinnere mich daran, als ich die alte Frau war, hielt ich dich in meinen Armen und ließ dich meine Liebe spüren. Ich brauchte dir das nicht zu erklären, du konntest es fühlen.«

»Das stimmt. Ich erinnere mich daran, wie glücklich ich war, wenn du da warst. Ich erinnere mich auch daran, wie sehr ich dich vermisst habe, als wir umzogen. Niemand gab mir je wieder dieses Gefühl.«

»Aber jetzt kannst du es selbst, nicht wahr?« Aus ihren kindlichen Augen sprach unendliches Mitgefühl. »Jetzt weißt du, wo die Liebe ist, jetzt kannst du sie also selbst finden. Du brauchst mich nicht mehr, um sie dir zu geben. Sind das nicht gute Neuigkeiten? Du bist kein kleiner Junge mehr!«

»Und du bist kein kleines Mädchen, oder?« Ich lachte unter Tränen. Auch Bruder Matthias war sichtlich bewegt von unserem Gespräch.

»Bin ich wohl«, rief sie und war sofort wieder das siebenjährige Kind. In ihren Augen konnte ich jedoch immer noch meine geliebte Marmie sehen. Sie sprang von ihrem Stuhl auf und schlang wieder die Arme um meinen Hals. »Je mehr ich liebe, desto mehr bin ich ein kleines Mädchen. Und du kannst wieder ein kleiner Junge sein, wenn du willst. Wir sind alle Kinder Gottes, sagt Bruder Matthias. Stimmt's, Bruder Matthias?«

»Das stimmt«, bestätigte er.

»Was willst du also tun?«, fragte sie mich.

»Was ich tun will?«

»Ja, wenn du nach Hause kommst, jetzt, wo du die Frage kennst

und verstehst, worum es geht, was willst du damit anfangen?«
Ich dachte einen Augenblick lang nach, denn ich wollte ihr keine oberflächliche Antwort geben. »Zuerst einmal sie leben, denke ich. Dann will ich vielleicht darüber schreiben. Vielleicht ist das die Art, wie ich euch dabei helfen kann, die Frage zu stellen.«
»Du willst ein Buch über uns schreiben?«, fragte sie mit großen Augen.
»Ja, das will ich tun. Wenn ihr das wollt.«
»Das wollen wir. Ich freue mich, wenn du ein Buch über uns schreibst. Die ganze Welt soll die Frage kennen – und sie beantworten.«
»Du meinst, dass sich alle so benehmen, als wären sie Abgesandte der Liebe?«
»Ja, das ist das einzig Wichtige: Im Wissen um die Wahrheit zu leben. Das ist es, was all die Kinder tun, und deswegen wollten wir alle, dass du hierher kommst.«
»Ich freue mich so, dich wiederzusehen, Marmie, ich meine Sonja.«
»Ich freue mich auch, dich wiederzusehen. Und vergiss nicht: Wenn ich nach all den Jahren wieder bei dir sein kann, dann kann ich auch immer bei dir sein. Die *Kinder von Oz* sind mit euch allen, das kann ich versprechen.«
Bruder Matthias stand auf, als wäre es Zeit, das Gespräch zu beenden. Er nahm Sonja an die Hand und begann zu gehen. Kurz vor der Tür drehte Sonja sich noch einmal um.
»Ich möchte dir noch etwas sagen. Wenn du nach Hause kommst, wirst du Gelegenheit haben, die Frage zu leben. Es werden ein paar Sachen geschehen und du wirst dich an all das erinnern müssen, was du hier gelernt hast. Wenn du das tust, wird alles einen Sinn ergeben, egal was passiert.«
Dann lächelte sie und ging aus der Tür. Und ich sank in meinen Stuhl zurück.

Marco

An jenem Abend saß ich in meinem Zimmer und versuchte all das zu verarbeiten, was mir seit meiner Ankunft hier im Kloster widerfahren war. War ich hierher geführt worden, um direkt

von den Kindern zu lernen, weil ich nur so für ein Wiedersehen mit Marco bereit war? Die vier Kinder, denen ich begegnet war, hatten die Grundlage der Gabe in meinem Herzen gestärkt, aber ich wusste, dass alles erst vollständig war, wenn ich diesem Jungen wieder in die Augen geschaut und ihm all die Fragen gestellt hatte, die mir auf der Seele brannten. Warum hatte er mir die Gabe verliehen? Wie konnte er bei mir in San Francisco sein, wenn er nie Bulgarien verlassen hatte? Und was sollte als Nächstes kommen? Das war die wichtigste Frage von allen. Er hatte diesen Samen in meine Seele gepflanzt und mich ihm ähnlich gemacht, nur was sollte ich jetzt damit anfangen? Würde die Gabe in mir weiter wachsen, bis sie so stark war wie bei diesen Kindern, oder würde sie langsam nachlassen? Vielleicht war es nur eine vorübergehende Erinnerung an das, wozu wir alle fähig sind.
Ich widerstand der Versuchung, mir von dem, was ich von den Kindern hier gelernt hatte, Notizen zu machen. Es würde sicher wieder so sein wie damals bei den Boten des Lichts, bei denen ich 1995 in Bosnien gelernt hatte. Damals konnte ich auch keine Notizen machen, aber als ich vor dem Computer saß, um alles aufzuschreiben, strömte es mit voller Kraft in mein Gedächtnis zurück. Ich hatte fast das Gefühl, dass sie mir über die Schulter schauten und ich die ganzen Gespräche noch einmal erlebte. Würden die Kinder auch mit mir sein, so wie die Boten des Lichts immer noch mit mir waren? Ich hoffte, dass es so sein würde, denn als ich da so in meinem Zimmer saß, war ich mir nicht sicher, ob ich hier überhaupt weg wollte.
Es klopfte an meiner Tür. Es war Bruder Matthias.
»Kann ich einen Augenblick hereinkommen?«, fragte er.
»Natürlich.« Ich trat zur Seite, um ihn herein zu lassen. »Ich bin froh, dass Sie da sind. Ich habe über alles nachgedacht, was ich hier in den letzten paar Tagen gelernt habe, was ich in den letzten paar Monaten gelernt habe, seit ich Marco begegnet bin, und ich lande immer wieder bei der gleichen Frage.«
»Und die lautet?«, fragte er, während er sich mir gegenüber auf den Stuhl setzte.
»Was soll das alles bedeuten? Es ist alles so fantastisch, und diese Kinder sind offensichtlich der nächste Schritt auf der Evolutionsleiter.«
»Aber Sie wollen wissen, wie es sich im realen Leben da draußen

anwenden lässt?« Er zeigte aus dem Fenster. »Gute Frage. Ich hoffe, ich kann Ihnen eine gute Antwort darauf geben. Ich habe mehr von diesen Kindern gelernt als sie von mir, so viel ist sicher. Vor allem habe ich von ihnen gelernt, dass wir alle im selben Boot sitzen. Sie wollen nicht von dem Rest von uns getrennt sein, nur weil ihre psychischen Kräfte so viel stärker sind als unsere. Aber sie können ihre Fähigkeiten auch nicht ignorieren. Sie würden uns lieber auf ihre Ebene ziehen, als sich von uns herunter ziehen zu lassen. Verstehen Sie, was ich meine? Ihre Rolle, diese Frage und alles, was dazu gehört, das ist ihr Weg, uns unser Potential erkennen zu lassen. Sie wollen Vorbilder sein für eine neue Welt, eine Welt, die auf den Gesetzen der Liebe und des Mitgefühls beruht und nicht auf Konkurrenz und Angst. Deswegen sind diese Fähigkeiten in ihren Augen eher zweitrangig. Die eigentliche Gabe ist der Frieden, den sie aus jeder Pore ausstrahlen. Wenn wir erkennen können, was sie sind und daran glauben, dass wir das Gleiche sein können, dann ist alles möglich.«

»Aber was ist mit diesen Leuten, die sie finden und ausschalten oder sogar ausnutzen wollen?«, fragte ich ihn. »Was ist, wenn wir noch nicht so weit sind, und die Menschen versuchen, sie zu vernichten? Vielleicht ist es noch zu früh.«

»Ja, es gibt Leute da draußen, die immer noch Angst haben, und die tun, was sie können, um aufzuhalten, was hier erschaffen wird. Aber ich will Ihnen etwas sagen: Ich glaube, sie werden es nicht schaffen. Am Ende siegt immer die Liebe. Dies ist die Gelegenheit für den größten Sieg der Liebe und ich versichere Ihnen: Es wird durch diese Kinder geschehen. Es gibt einfach inzwischen zu viele Menschen da draußen, die bereit sind, aufzuwachen. Alle Religionen bereiten sich darauf vor, denn sie können nicht ignorieren, was passiert. Und im Mittelpunkt von all dem werden wunderbare Kinder mit bemerkenswerten Fähigkeiten stehen. Sie sind es, die uns zeigen werden, wozu wir fähig sind, und sie werden uns auch zeigen, wie wir die Gabe in uns erkennen können. Ohne das ist alles nichts.«

»Es gibt eine Sache, die Sie seit meiner Ankunft zu vermeiden scheinen.« Ich hielt dies für den geeigneten Augenblick. »Wie kann ich Marco finden? Er ist der Hauptgrund für mein Hiersein, so sehr mich die anderen Kinder auch beeindruckt haben. Nur er kann all meine Fragen beantworten.«

»Sie haben Recht.« Er erhob sich von seinem Stuhl. »Ich habe dieses Thema vermieden. Es ist nicht so, dass ich Sie nicht zu ihm bringen will oder Ihnen etwas verschweigen möchte, aber es erschien mir das Beste, zu warten, damit Sie unsere Arbeit hier kennen lernen und verstehen können, was auch Marco hier erfahren hat. Er ist immer noch in vielfacher Weise bei uns, obwohl er schon seit einer Weile nicht mehr hier lebt.«
»Ist er wieder bei seinen Eltern?«, fragte ich. »Wie weit ist es dorthin? Mein Flug geht in zwei Tagen, ich habe nicht mehr viel Zeit.«
»Sie haben noch jede Menge Zeit, das versichere ich Ihnen.«
Aus der Art, wie er das sagte, wurde mir klar, dass hier etwas nicht in Ordnung war. Ich spürte, wie sich die Gabe in mir regte, und versuchte, in seine Gedanken einzudringen, doch vergeblich. Er hatte offensichtlich gelernt, sich vor solchen Übergriffen zu schützen. Mir blieb nichts anderes übrig, als mich zurückzulehnen und darauf zu warten, dass er mir das sagte, was ich die ganze Zeit befürchtet hatte.
»Was ich Ihnen jetzt erzähle, ist ziemlich ungewöhnlich und fällt mir nicht leicht«, fing er an. »Wie gesagt: Marco war mein bester Schüler. Er war begabter als jedes andere Kind, dem ich je begegnet bin, und ich bin vielen begegnet, wie Sie wissen. Auch die Art, wie er sich in einen mitfühlenden Zustand versetzen konnte, war tief beeindruckend. Ich habe das weder zuvor noch seitdem je erlebt. Er erinnerte mich daran, wie Jesus als Kind gewesen sein mochte. Stellen Sie sich vor, Sie könnten mit dem jungen Christus zusammen sein, ihn lehren und von ihm belehrt werden. Marcos Herz war so offen, deswegen erschreckte es mich umso mehr, als ich die Nachricht bekam.«
»Die Nachricht?«
»Von seinem Tod. Er war ungefähr einen Monat lang krank gewesen, aber niemand konnte herausfinden, was ihm fehlte. Es schien fast so, als gäbe er sich auf unbegreifliche Weise hin, vielleicht so wie Jesus sich am Kreuz hingegeben hat. Das Ergebnis war jedenfalls das gleiche. Vielleicht war er der Meinung, dass er ohne dieses physische Vehikel mehr erreichen könne, dass es ihn zu sehr bremste. Ich weiß nur, dass er immer noch sehr bei uns ist. Die Kinder spüren ihn ständig und reden von ihm, als ob er immer noch mit ihnen zusammen lernen würde.«

Obwohl ich es irgendwie geahnt hatte, traf mich der Schock tief. Ich sank auf mein Bett und ließ den Kopf hängen. Nichts erschien sinnvoll und doch ergab es einen Sinn. Die Empfindung völliger Verlassenheit überwältigte mich genauso wie das Gefühl, dass alles genauso war, wie es sein sollte.

»Wann ist es passiert?«, fragte ich. »Wann ist er gestorben?«

»Irgendwann Anfang Februar«, sagte er und setzte sich wieder.

»Wann sagten Sie, ist er bei Ihnen aufgetaucht?«

»Ende Januar, also kurz bevor er starb.«

»Erstaunlich«, sagte er mehr zu sich selbst. »Als ob er wusste, dass er gehen würde und Sie unbedingt hierher holen wollte. Die einzige Art, Sie hierher zu bringen war, Ihnen die Gabe zu verleihen, denn dann würde Ihre Intuition Sie hierher führen, wo Sie den anderen Kindern begegnen konnten.«

»Aber warum sollte ich hierher kommen?«, fragte ich. »Ich kann gar keinen Sinn darin erkennen.«

»Denken Sie doch einmal nach. Die Kinder hatten das Gefühl, dass es an der Zeit sei, der ganzen Welt ihre Frage mitzuteilen. Sie sagen, es sei an der Zeit, dass die Menschen die Wahrheit der Frage erkennen, dass wir alle hier und jetzt Abgesandte der Liebe sind. Und das Buch, das Sie schreiben werden, ist doch eine wunderbare Art, diese Frage öffentlich zu machen.«

»Das Buch?«

»Natürlich. So wie Sie Sonja gesagt haben, schließlich sind Sie Schriftsteller. Und so etwas passiert Ihnen ja nicht zum ersten Mal. Das scheint Ihre Rolle zu sein, dieses esoterische Wissen an Millionen von Menschen weiterzugeben. Die *Kinder von Oz* sind überall um uns herum und ich vermute, dass sie uns in ein paar Jahren selbstverständlich sein werden. Ihr Buch wird die Menschen auf sie vorbereiten. Wenn die Menschen wissen, dass diese Kinder kommen, dann werden sie sich nicht vor ihnen fürchten.«

»Warum sollten wir uns vor ihnen fürchten?«, fragte ich ihn.

»Wir fürchten uns immer vor den Dingen, die wir nicht verstehen. Ihre Aufgabe besteht darin, zu diesem Verständnis beizutragen. Die Frage der Kinder ist das Wesentliche, nicht die Phänomene. Deswegen hat Marco Ihnen die Gabe verliehen und Sie hierher gebracht, mir ist jetzt alles klar.«

»Wird die Gabe in mir so bleiben, wie sie jetzt ist?«, wollte ich wissen. »Was, wenn sie verschwindet? Wie werden die Menschen wissen, dass ich die Wahrheit sage?«

»Sie werden die Liebe spüren, mehr ist nicht nötig. Die Liebe zählt, nicht die Kunststücke. Ich habe das Gefühl, dass die Tür in Ihnen geöffnet wurde und sich nicht wieder schließen wird, aber selbst wenn es so sein sollte, haben Sie immer noch ein offenes Herz. Das bedeutet so viel!«

»Ich muss Ihnen noch etwas sagen, was ich spüre, ziemlich stark spüre.«

»Ich weiß«, sagte Bruder Matthias. »Sie müssen hier sofort aufbrechen. Die Kinder haben das gleiche Gefühl. Ihre weitere Anwesenheit würde unsere Sicherheit gefährden. Ich weiß nicht genau, in welcher Weise, aber ich habe gelernt, ihrer Intuition zu vertrauen.«

»Ein Teil von mir will nicht gehen. Ich würde gerne weiter hier bleiben und lernen.«

»Die Welt wird Ihnen zahllose Gelegenheiten bieten, mehr über die Gabe zu lernen«, sagte er aufmunternd. »Aber im Augenblick müssen Sie so schnell wie möglich in die Vereinigten Staaten zurückkehren. Wir wollen es den anderen doch nicht zu leicht machen.«

Eine Stunde später hatte ich meine Sachen gepackt und saß im Auto. Ich schaute zurück, in der Hoffnung, dass sich die Kinder noch einmal von mir verabschieden würden, aber es war niemand zu sehen. Während ich durch das Klostertor fuhr, spürte ich eine Regung tief in mir und erkannte Sonja.

»Vergiss nicht, was ich dir gesagt habe«, schien sie zu sagen. »Ich werde immer da sein und dich lieben. Davor gibt es kein Entrinnen.«

Ich nahm den ersten Flug am nächsten Morgen, denn ich wusste, dass Minez mich sonst finden würde. Es war, als ob es die Kinder nie gegeben hätte. Der große Vogel hob ab und ich war auf dem Weg nach Hause. Ich schaute nach unten auf die Erde und spürte die vertraute Mischung aus Traurigkeit und Freude.

»Alles wird sich verändern«, sagte ich zu mir selbst, »ich wünschte nur, ich wüsste, wie.«

KAPITEL FÜNF

Tensin

Die Kopfschmerzen waren verschwunden und ich hatte endlich wieder meinen Frieden. Die Begegnung mit den Kindern in dem Kloster in Bulgarien gab mir das Gefühl, alle Hindernisse überwinden zu können. Ich würde die Gabe genauso anwenden, wie die anderen sie nutzten – in Liebe und Mitgefühl. Ich war losgefahren, um einen Jungen zu finden, der ein Fenster in meiner Seele geöffnet hatte, und obwohl ich Marco nicht gefunden hatte, war ich überreich beschenkt worden. Jetzt kam es nur noch darauf an, die Botschaft der Kinder in die Welt zu bringen, das Verständnis, dass wir alle Abgesandte der Liebe sind, jetzt in diesem Augenblick, und dass wir nichts weiter zu tun brauchen, als diese Wahrheit zu erkennen. Dann füllt die Wirklichkeit all die sinnentleerten Bereiche, die uns zuvor so erschreckend groß vorkamen. Dann ergibt die Liebe so viel Sinn.

Ich hatte das Gefühl, als ein neuer Mensch in die Vereinigten Staaten zurückzukehren. Ich verspürte neuen Mut. Wenn die Kinder, denen ich begegnet war, so frei und liebevoll leben konnten, trotz der schwierigen Situation, in der sie waren, dann konnte ich das sicherlich auch. Als Marco mich damals berührt hatte und in mir die Kraft erweckt hatte, weiter zu sehen als es mir je möglich gewesen war, erkannte ich die wahre Bedeutung dieser Gabe nicht. Wenn Herz und Verstand nicht auf Frieden ausgerichtet sind, sind diese Phänomene nur eine Merkwürdigkeit, die den Verstand der Menschen berührt, aber nicht ihre Seele.

Ich konnte kaum glauben, wie stark das Interesse an meiner Geschichte war. Irgendwie erinnert die Unschuld von Kindern uns an unsere eigene Unschuld, und mein unglaubliches Abenteuer mit Marco und den anderen Kindern begann sich herumzusprechen. Ich hatte einen kurzen Bericht über meine Erfahrungen geschrieben und per E-Mail an ein paar Hundert Freunde geschickt. Bald bekam ich Briefe aus aller Welt von Menschen, die mehr über Marco, das Kloster und die Kinder

wissen wollten. Es war eine wichtige Geschichte, die ich nicht herunterspielen konnte.
Ich weiß nicht genau, ob das Folgende mit diesem Bericht zusammenhing, der im Internet immer weiter zirkulierte, oder ob es nur ein Zufall war. Ich jedenfalls war der Überzeugung, dass dieses Abenteuer zu Ende sei und ich nur noch das Buch zu schreiben hätte, das Sie jetzt in den Händen halten. Ich fand den Schluss der Geschichte gut, er hatte alles, was ich mir wünschen konnte. Ich konnte ja nicht ahnen, dass alles noch eine ungeahnte Wendung erfahren sollte.

Ich war zwei Tage zuvor zu einer sechswöchigen Tournee nach Großbritannien aufgebrochen, als ich einen Anruf von Sharon erhielt.
»Du glaubst nicht, was hier los ist, seit du weggefahren bist!« Die Aufregung in ihrer Stimme ließ auch mein Herz schneller schlagen. Ich war in Chicago bei meiner Tochter, wollte am nächsten Tag nach London fliegen und fragte mich nun, ob ich alle meine Pläne ändern müsste. »Gestern klopfte es an der Tür und als ich aufmachte, stand ein fünfzehnjähriger Junge in buddhistischer Mönchsrobe davor. Zwei andere Männer standen neben ihm, wohl seine Begleiter. Er heißt Lama Tensin, und du wirst nicht glauben, was er mir erzählte!«
»Ich glaube eine ganze Menge«, sagte ich.
»Das stimmt allerdings.« Sie lachte, weil ihr plötzlich wieder bewusst wurde, mit wem sie sprach. »Dieser Junge jedenfalls, er wurde in Griechenland geboren, und als er ein Jahr alt war, kam der Dalai Lama zu seiner Mutter und sagte ihr, dass ihr Sohn ein großer Tulku sei. Ich wusste auch nicht, was ein Tulku ist, aber jetzt weiß ich es. Die Tibeter glauben, dass manche große Seelen nach ihrem Tod immer wieder zur Erde zurückkehren und wiedergeboren werden, um den anderen Wesen zur Erleuchtung zu verhelfen. In diesem Fall war Seine Heiligkeit davon überzeugt, dass Lama Tensin die Reinkarnation seines ehemaligen Lehrers sei. Kannst du mir so weit folgen?«
»Ja, sicher, sprich weiter.«
»Im Alter von drei Jahren wurde der Junge nach Indien gebracht, um direkt vom Dalai Lama zu lernen und mit sieben kam er dann nach New York und ging dort auf die Universität. Kannst du dir

das vorstellen? Angeblich hat er zwei Abschlüsse gemacht, einen in Physik und einen in Psychologie.«

»Das klingt äußerst unwahrscheinlich«, sagte ich ungläubig.

»Und er spricht sieben Sprachen. Ich sage dir, James, dieser Junge ist unglaublich. Doch jetzt kommt das Beste: Er behauptet, der Dalai Lama habe ihm aufgetragen, hier in die kalifornische Wüste zu kommen und mit dir zusammenzuarbeiten. Anscheinend hat er deine Arbeit seit langem verfolgt, und jetzt mit diesen ganzen Geschichten über die Kinder... Du weißt ja, es greift ganz schön um sich und es klingt so, als ob Lama Tensin dir dabei helfen soll.«

Ich setzte mich erst mal, um zu verarbeiten, was ich gerade gehört hatte. »Und dieser Junge, dieser Lama, wohnt jetzt in unserem Haus?«

»Ja.« Sie zögerte etwas. »Genau genommen wohnt er in deinem Zimmer. Ich hoffe, es macht dir nichts aus, Tensin hielt es für wichtig.«

»Wichtig? Ich meine, es ist mir natürlich eine Ehre, aber ich bin jetzt erst mal sechs Wochen lang weg.«

»Das habe ich ihm auch gesagt, aber er meinte, er würde warten. Alle im Haus mögen ihn und keiner hat ein Problem damit, dass er solange hier bleibt. Seit er da ist, spüren wir alle eine unglaubliche Energie. Ich weiß nicht, was das alles bedeutet, aber es passt so gut zu all dem, was du in letzter Zeit erfahren hast.«

»Das stimmt«, sagte ich, »aber wir müssen mehr über ihn erfahren. Wo war er, bevor er zu uns kam?«

»Er war in San Jose während des Vortrags des Dalai Lama, und dort hat er die Leute getroffen, die ihn hierher gebracht haben. Wahrscheinlich hat Seine Heiligkeit ihm dort aufgetragen, hierher zu kommen.«

»Und davor? Wisst ihr, wo er sich davor aufgehalten hat?«

»Er sagt, er hätte beim Bruder des Dalai Lama in Indiana gelebt. Ich fand das etwas merkwürdig, aber warum auch nicht?«

»Hat jemand mit ihm Kontakt aufgenommen?«

»Nein, aber das ist vielleicht eine gute Idee.«

»Das glaube ich auch«, meinte ich. »Nicht, dass mir die ganze Geschichte nicht gefällt, sie ist fantastisch. Aber wenn er bei uns wohnen will, haben wir Verantwortung für ihn. Schließlich ist er minderjährig.«

»Lama Tensin hat sich nicht so genau dazu geäußert, wo er sich bislang aufgehalten hat, aber ich hatte kein komisches Gefühl dabei. Im Gegenteil: Er ist so freundlich und weise. Schwer zu glauben, dass er erst fünfzehn sein soll.«
»Ich weiß genau, was du meinst. So ging es mir mit den Kindern in Bulgarien auch. Sie sind in gewisser Weise alterslos. Hast du ihm von meinen Abenteuern der letzten Zeit erzählt?«
»Nein, noch nicht«, sagte Sharon, »es ging alles so schnell, ich bin noch kaum zum Luft- holen gekommen.«
»Ich wünschte, ich hätte nicht diese Tournee vor mir, aber es klingt so, als ob er bereit wäre, zu warten.«
»Das hat er gesagt. Warte mal,...er kommt gerade ins Zimmer. Möchtest du kurz mit ihm sprechen?«
Mein Herz schlug schneller, als wäre hier mehr im Gange als mir bewusst war. »Ja bitte, gib mich doch mal weiter.«
Ich hörte, wie Sharon etwas zu ihm sagte. Dann nahm er den Hörer. »Hallo James?«
»Hallo, Lama Tensin, schön, dich zu sprechen. Sharon hat mir so viel erzählt.«
»Ja, ich bin sehr froh, hier zu sein, besonders nach all dem, was Seine Heiligkeit über dich und deine Arbeit gesagt hat.«
»Ich muss sagen, dass mich das überrascht«, erwiderte ich. »Woher weiß der Dalai Lama von unserer Arbeit?«
»Oh, das ›Bunte Tuch‹ (The Cloth of Many Colors, ein Projekt von J. Twyman, Anm.d.Ü.) hat großen Eindruck auf ihn gemacht. Er war in Washington, als ihr es mit Kongressmitgliedern um das Kapitol geschlungen habt. Er wäre gerne gekommen, aber es ging nicht. Deswegen hat er mich gebeten, hierher zu kommen. Es ist nicht leicht für ihn, da hin zu gehen, wo er will, deswegen schickt er manchmal Lamas an seiner Stelle. Seine Heiligkeit kann durch meine Augen sehen, er sieht dann, was ich sehe. Man könnte also sagen, dass er zurzeit auch bei dir zu Hause ist. Es fühlt sich wunderbar an, wenn er das tut.«
»Wow«, sagte ich. Mir fiel nichts Besseres ein. »Sharon hat gesagt, du würdest warten, bis ich wiederkomme?«
»Ja. Ich tue, was mir der Dalai Lama aufträgt, und er möchte, dass ich erst mal hier bleibe.«
»Aber was willst du solange tun?«, fragte ich ihn.
»Vielleicht lehren. Ich bin von Seiner Heiligkeit ermächtigt, einige

hochrangige Einweihungen durchzuführen, vielleicht werde ich das tun. Er wird mir bald mitteilen, was er für sinnvoll hält.«
»Der Dalai Lama?«
»Genau. Ich werde so lange hier bleiben, wie er möchte. Wenn alles getan ist, gehe ich wieder.«
»Weißt du, ich habe eine Tochter in deinem Alter, aber sie ist ziemlich normal, du weißt schon, was ich meine. Sie ist nicht so wie du. Du scheinst dir deiner Sache sehr sicher zu sein, du bist so klar.«
»Seit ich ein Jahr alt war, wurde ich als Tulku erzogen«, sagte er. »Ich wusste immer, wer ich bin und ich erinnere mich an alle meine vergangenen Leben. Ich komme immer wieder zur Erde zurück, um diese Arbeit fortzusetzen, und ich habe das Glück, Seine Heiligkeit in all seinen Inkarnationen gekannt zu haben. Einmal war ich sein Lehrer, jetzt ist er meiner. Die Rollen werden immer wieder getauscht, bis es keine Notwendigkeit mehr für uns gibt, zurückzukehren. Dann werden wir das Rad loslassen und wieder einswerden mit dem großen Meer.«
»Lama Tensin, ich bin sehr froh darüber, dass du da bist und ich komme zurück, so bald ich kann.«
»Du bist nie wirklich gegangen«, erwiderte er. »Ich spüre dich hier überall. Ich sehe dein Gesicht, wo immer ich mich hinwende. Tu, was du tun musst, und wisse, dass ich hier warten werde.«

Es sprach sich in Südkalifornien schnell herum, dass ein erstaunlicher, jugendlicher Lama aufgetaucht war. Während ich durch England tourte, hörte ich von Hunderten von Menschen, die von weit her zu seinen Unterweisungen kamen. Joanne und ihre Schwester Nancy übernahmen die Rolle der Koordinatoren und Ersatzmütter für Tensin. Glücklicherweise wusste niemand, wo wir wohnten, sonst hätten wir keine Ruhe mehr gehabt. Die Leute brachten ihm Geschenke, baten ihn, vor ihren Gruppen über bestimmte Themen zu sprechen, ihre Häuser zu segnen oder ihnen bei persönlichen Problemen zu helfen. Ich spürte, dass schon nach einer Woche alle erschöpft waren. Wie würde es erst in fünf Wochen sein? Vielleicht hatte sich unser Haus bis dahin in ein buddhistisches Kloster verwandelt.
Selbst hier auf der anderen Seite des Atlantiks hatte sich die Neuigkeit schon verbreitet. Überall sprach man von dem Jungen, der

vom Dalai Lama dazu ausersehen war, Menschen in die hohen Mysterien des buddhistischen Weges einzuweihen. Ich begegnete einem jungen Paar, das nach Kalifornien fliegen wollte, nur um Lama Tensin zu sehen. Aus meiner Sicht schien das Ganze zu einer Massenhysterie zu werden, aber ich konnte nichts daran ändern. Joanne und Nancy wurden immer kreativer in ihren Tricks, Lama Tensin an der Menge vorbeizuschleusen und zu seinen Vorträgen zu bringen. Bei seiner ersten Veranstaltung kamen etwa fünfzig Leute, doch die Anzahl verdoppelte sich jedes Mal. Alle wollten etwas von ihm und es gab immer noch einen Teil in Tensin, der mit so viel Aufmerksamkeit und Bewunderung nicht umgehen konnte. Schließlich war er erst fünfzehn, und egal wie erleuchtet er war – mit so viel Ruhm musste man erst einmal fertigwerden.

Ich war schon anderen Kindern wie Tensin begegnet, insofern verstand ich besser als die meisten, was hier vor sich ging. Ich erinnerte mich daran, was mir die *Kinder von Oz* erzählt hatten, dass wir hinter die beeindruckenden Phänomene schauen sollen, um das Wesentliche zu erkennen. Es hilft niemandem, sich nur vom äußeren Eindruck leiten zu lassen, und ich hatte das Gefühl, dass das bei mir zu Hause möglicherweise gerade stattfand. Es ist leicht, sich in einen Jungen zu verlieben, der vom Dalai Lama gesandt wurde, es ist ja auch eine tolle Geschichte. Aber wenn das dazu führte, dass man Tensins Heiligkeit von der aller anderen unterschied, wenn es so aussehen würde, als sei er der große Heilige, der von den unerleuchteten Massen umringt wird, dann bliebe das eigentliche Geschenk unerkannt. Aus allem, was ich hörte, versuchte Tensin die Menschen dazu zu bringen, ihre eigene Heiligkeit zu erkennen, so wie jeder spirituelle Meister es tun würde, aber der ganze Wirbel um ihn erweckte bei mir den Eindruck, dass die meisten Menschen seine Botschaft nicht verstanden. Was ja nicht überraschend ist.

Ich sprach oft mit Lama Tensin während ich unterwegs war, und mein erstes Gefühl verlor sich nie. Er war authentisch, da war ich mir sicher. Selbst aus so großer Entfernung konnte ich spüren, was er tat, und ich hatte keinen Anlass, seine Behauptungen in Frage zu stellen. Meine Bitte, seine Herkunft zu überprüfen, wurde nach wenigen Tagen fallengelassen, weil er bei allen so großes Vertrauen erweckte. Ich hatte keine Möglichkeit, auf das einzuwirken, was da geschah, und ich sah auch keinen Anlass dazu. Er war ein Geschenk Gottes, das wollte ich unbedingt würdigen. Nach all dem, was mir in diesem Jahr widerfahren war, angefangen mit Marco, war ich bereit, alles anzunehmen. Nichts erschien mir mehr als zu merkwürdig oder unwahrscheinlich.

Ich erinnerte mich an das, was mir Sonja im Kloster als Letztes gesagt hatte. Jemand würde in meinem Leben auftauchen und mich etwas Wichtiges darüber lehren, was es bedeutete, ein Abgesandter der Liebe zu sein. Sie hatte in ihrer medialen Schau offensichtlich die Ankunft von Tensin vorausgesehen, denn das schien genau seine Lehre zu sein. Doch es hatte ein Ton in ihrer Stimme gelegen, der mich beunruhigte. Meine Intuition sagte mir, gut aufzupassen und genau auf alles zu achten, was mir widerfuhr und wer mir begegnete. Es gab allerdings keinen Hinweis darauf, dass Lama Tensin nicht genau das war, was er sagte. Eher war er mehr und die Transformation all derer, die zu ihm kamen, war sein bester Beweis. Ich hörte die wundersamsten Geschichten und konnte es kaum abwarten, nach Hause zu kommen.

»Wie geht es denn so?«, fragte ich Tensin, als wir uns das nächste Mal sprachen.

»Es ist alles wunderbar, bis auf die Leute, die mich aussaugen wollen«, antwortete er.

Ich spürte plötzlich, wie meine Antennen sich spitzten, jener Teil von mir, der alles um mich herum beobachtet und dann mit einer langen Liste anderer Eindrücke abgleicht, damit ich weiß, was ich von der Situation zu halten habe. Ich spürte, wie die Gabe in mir ansprang, zum ersten Mal, seit Tensin aufgetaucht war.

»Was meinst du damit?«, fragte ich ihn.

»Es gibt hier Leute, die wollen mir Energie rauben, weil sie meinen, selbst nicht genug zu haben. Wenn ich gelehrt habe, bin ich immer erschöpft und muss mich ein oder zwei Tage ausruhen. Ich fürchte, dass ich irgendwie energetisch angegriffen werde, und ich kann spüren, dass Seine Heiligkeit sehr besorgt ist.«

»Ich glaube, dass du Recht hast, manche Leute verlassen sich zu sehr auf dich, dass du ihnen zeigst, wer sie sind«, erwiderte ich. »Aber es ist deine Aufgabe, ihnen zu helfen, die Wahrheit zu erkennen, dass sie nichts anderes sind als du.«

»Wir sind nicht gleich«, widersprach er. »Ich bin ein Tulku, eine

sehr alte Seele. Aber ich kann meine Arbeit nicht machen, wenn man mir meine Energie raubt.«
Seine Haltung beunruhigte mich nicht, angesichts seines Alters und seiner Unerfahrenheit. Ich selbst hatte mehrere Jahre gebraucht, um mich in dieser Rolle zurechtzufinden. Es ist nicht immer leicht, den Menschen bei der Erkenntnis zu helfen, dass sie alles in sich tragen, was sie zu ihrem Glück brauchen. Es ist oft einfacher für die Menschen, sich einem Guru oder Meister anzuvertrauen, der es für sie erledigt, aber meiner Meinung nach sind die Zeiten dafür vorbei. Die Menschen sind im Begriff, die ihnen innewohnenden Kräfte zu entdecken, und damit geht einher, Verantwortung für das zu übernehmen, was man als wahr betrachtet. Ich verstand Tensins Verwirrung und beschloss, ihm in seinem auf Unerfahrenheit beruhenden Übereifer zu helfen. Vielleicht hatte der Dalai Lama ihn deswegen in die Wüste zu mir geschickt, vielleicht konnte ich ihm genauso viel beibringen wie er mir.
»Es ist schwierig, wenn die Leute so an einem zerren«, sagte ich zu ihm. »Es ist nicht leicht, sich vor all den Projektionen zu schützen, die die Leute auf einen richten. Aber du wirst das lernen, da bin ich ganz sicher...«
»Nein, du verstehst nicht, was ich meine«, unterbrach er mich. »Da spielen dunklere Kräfte mit, und die benutzen manchmal einfache Menschen, um hohe Lehren zu stören. Der Dalai Lama hat ständig damit zu tun. Ich habe gesehen, wie er solche Kräfte austreibt, manchmal sogar, wenn sie an einem Menschen anhaften. So machen das die Tibeter. Deswegen sind die Mala-Ketten so lang, damit man sie in solchen Fällen als Waffe verwenden kann.«

Er fing an, über seinen Scherz zu lachen, doch ich fühlte mich unwohl dabei. Ich wusste, dass es in seiner Tradition zornige Gottheiten gibt, die geehrt und gefürchtet werden, aber ich hatte das Gefühl, dass er zuviel in die Situation hineininterpretierte. Wiederum dachte ich daran, dass er schließlich erst fünfzehn Jahre alt war. Einerseits konnte ich seine unglaubliche Klarheit deutlich spüren, selbst durchs Telefon, aber da war noch etwas anderes. Ich wusste nicht, was es war, es schien nichts Dunkles zu sein, eher etwas Verwirrtes, und ich nahm mir vor, in Zukunft genau darauf zu achten.

»Kümmern sich Joanne und Nancy gut um dich?«, fragte ich, in dem Versuch, das Thema zu wechseln. »Da hast du zwei echt starke Frauen an deiner Seite.«

»Ja, sie sind beide eine große Hilfe. Manchmal spricht Seine Heiligkeit durch Nancy zu mir, sie ist sich dessen sogar bewusst. Wenn er zufrieden ist mit mir, lässt er es mich durch sie wissen, und wenn dem nicht so ist, so erfahre ich es auch.«

»Wie geht das?«, fragte ich.

»Ganz einfach. Der Energiekörper Seiner Heiligkeit ist im Laufe all der Jahrhunderte, die wir zusammen verbracht haben, eng mit meinem verbunden. Wenn er möchte, kann er durch meine Augen schauen, oder durch die Augen von jemandem, der mir nahe ist. Und er kann auch durch andere zu mir sprechen, aber nur, wenn die Person ein klarer Kanal ist. Nancy ist ein klarer Kanal, und er mag sie sehr, das merke ich.«

Jetzt klang er wieder sehr wie ein fünfzehnjähriger Junge und nicht wie der weise Meister, der manchmal aus ihm hervorbrach. Ich konnte nicht beurteilen, wie viel an dem dran war, was er mir da erzählte. Ich hatte mit so etwas keine Erfahrungen und ich wollte den Dalai Lama nicht unterschätzen. Ich beschloss, erst einmal das zu glauben, was ich erfuhr.

»Lama Tensin, ich möchte dich etwas fragen.«

»Ja bitte, was du willst.«

»Ich weiß nicht, wie viel die anderen dir von meinen Erfahrungen erzählt haben, die ich kürzlich mit hochmedialen Kindern gehabt habe. Diese Kinder behaupten, eine wichtige Botschaft an die Welt zu haben. Ich glaube, dass du auch eines dieser Kinder bist, deshalb möchte ich wissen, ob du eine Frage an die Menschheit hast. Ich weiß, das klingt etwas merkwürdig, und vielleicht habe ich mich nicht gut ausgedrückt, aber ich glaube, du weißt, wovon ich spreche.«

»Ich weiß nicht, was du meinst«, antwortete er.

»Ich will es anders versuchen. Alle Kinder, denen ich begegnet bin, haben eine Frage an die Welt, eine ganz wichtige Frage für die heutige Zeit, und sie ist immer die gleiche. Kennst du diese Frage?«

Es blieb lange still auf der anderen Seite der Leitung. Worüber er wohl nachdachte? Die anderen Kinder hatten die Antwort

immer ohne nachzudenken gewusst, als wäre sie ihnen in die Seele gebrannt. Aber jene Kinder kamen alle aus der gleichen Gegend und aus demselben Kloster. Aber wenn es wahr war, dann würde Tensin sicher den gleichen Gedanken zum Ausdruck bringen, wenn auch ein wenig anders formuliert.
»Ich muss es dir noch einmal sagen«, fing er schließlich wieder an zu sprechen und seine Stimme klang etwas schärfer als zuvor. »Ich bin nicht wie die anderen medialen Kinder, die du kennengelernt hast. Ich bin ein Tulku. Ich bin hier von Anfang an und ich werde hier sein bis zum Ende aller Zeiten.«
»Ich glaube, das Gleiche könnte auch auf die anderen Kinder zutreffen«, sagte ich. »Ehrlich gesagt glaube ich, dass es für uns alle zutrifft. Es stimmt nicht ganz, dass ein Mensch höher, heiliger oder weiterentwickelt ist als andere. Meiner Meinung nach ist diese Sichtweise in der Vergangenheit eines unserer größten Probleme gewesen. In Wirklichkeit sind wir in unserer Essenz alle gleich, und darauf müssen wir uns jetzt fokussieren, nicht auf die Unterschiede.«
»Ich stimme allem zu, was du gesagt hast«, erwiderte Tensin, »aber du wirst nie verstehen, was es heißt, ein Tulku zu sein, denn es gibt nur ganz wenige davon auf der Erde. Diese Kinder, denen du begegnet bist, sind wichtig, der Dalai Lama hat mir von ihnen erzählt, aber ich bin nicht wie sie.«
»Du kennst also die Frage nicht?«
»Doch, ich kenne sie, aber ich werde jetzt nichts darüber sagen. Der richtige Zeitpunkt dafür wird kommen.«
Irgendetwas stimmte nicht an dieser Unterhaltung. Meine Meinung über Tensin blieb unverändert, aber von jetzt an wollte ich genau auf alles achten, was er sagte. Wieder klangen mir Sonjas Worte im Ohr, und wieder begleitete sie dieses seltsame Gefühl. Es war eine Art Warnung, aber wovor?

Meine Tour war vorüber und ich war auf dem Weg nach Hause. Endlich würde ich Lama Tensin persönlich begegnen und nicht nur am Telefon. Endlich konnte ich ihm in die Augen schauen und sehen, ob ich, wie ich hoffte, den tiefen Fluss der Erkenntnis darin finden würde, oder einen tiefen Sumpf der Verwirrung, wie ich befürchtete. Ich war auf beides vorbereitet, obwohl ich nur zu gerne das glauben wollte, was alle meine Freunde glaubten.

Zu diesem Zeitpunkt hatte die Situation bereits alle Erwartungen übertroffen, da sich die Kunde von dem jungen Lama immer weiter verbreitete. Tensin konnte nicht mehr das Haus verlassen, ohne von umherziehenden Bewunderern umgeben zu sein. Unser Örtchen Joshua Tree ist eigentlich ein Mekka für Kletterer und Alternative, doch jetzt wehte hier ein anderer Wind. Ich hielt an unserem örtlichen Café an, um mir einen Milchkaffee mit auf den Weg zu nehmen. Ich hörte, wie zwei Frauen an einem Tisch ihre Notizen verglichen. Sie waren seit zwei Tagen durch die Stadt gestreift, um Tensin zu finden, doch ohne Erfolg. Zum Glück waren diejenigen, die wussten, wo wir wohnten, schlau genug, es für sich zu behalten, doch es war nur eine Frage der Zeit. Früher oder später würde es herauskommen und dann war es mit unserer Ruhe vorbei.

Ich fuhr unsere lange Auffahrt hinauf und parkte mein Auto. Während ich die Stufen zur Haustür emporstieg, hatte ich ein merkwürdiges Gefühl im Magen. Er fühlte sich heiß und hart an. Ich überlegte, ob ich etwas Falsches gegessen hatte, aber ich ahnte, dass es an etwas anderem lag.
Doch dann erinnerte ich mich an meine Freunde, die hier so großartig ausgehalten hatten, während dieser Wirbelsturm über sie hinwegfegte, und wie sehr ich alle vermisst hatte. Das ließ mich vorwärts gehen. Kaum war ich durch die Tür, sprang mir als Erstes mein Hund Harley Krishna entgegen und begrüßte mich. Dahinter kam mir Joanne entgegen und Stephanie schaute gerade durch die Bürotür.
»James, endlich bist du wieder zu Hause!«, rief Joanne und umarmte mich. Stephanie machte gleich mit und endlich wusste ich, dass ich angekommen war.
»Hier ist ja eine Menge passiert, während ich weg war«, sagte ich.
»Das kann man wohl sagen«, lachte Stephanie. »Es ist, als würden wir belagert. Wir befürchten ständig, dass jemand herausfindet, wo Lama Tensin steckt, und dann müssten wir alle umziehen.«
Ich konnte an Joannes Gesichtsausdruck sehen, dass Tensin ins Zimmer gekommen war. Ich drehte mich um. Er sah genauso aus, wie ich ihn mir vorgestellt hatte. Er war fast genauso groß wie ich und trug die traditionelle Robe der tibetischen Mönche.

Sein Schädel war rasiert und sein Lächeln strahlte wie die Sonne. »Willkommen zu Hause, James«, sagte er. »Schön, dich endlich persönlich kennenzulernen.«
Da ich nicht wusste, was hier angemessen war, widerstand ich meinem Impuls, ihn zu umarmen. Doch er kam schnell auf mich zu und schlang mir die Arme um die Schultern. Es fühlte sich gut an, diesen Jungen endlich zu spüren und zu sehen, der die ganze Gegend in Unruhe versetzt hatte. Er war so wundervoll, wie alle gesagt hatten, eine Meisterseele in dem Körper eines Fünfzehnjährigen. Wir schauten einander in die Augen und ich verlor mich einen Augenblick lang in seinem Blick als stünde die Zeit still. Es war eine wunderbare Erfahrung, und ich verstand, warum so viele Leute die Stadt nach ihm absuchten.
»Ja, Lama Tensin, es tut auch gut, dich endlich zu sehen. Es ist eine Sache, am Telefon von dem ganzen Wirbel zu hören und eine andere, hier zu sein und es zu fühlen. Das ist hier eher ein Versteck als ein Zuhause.«
»Du hast ja keine Ahnung, wie verrückt es hier zugeht«, sagte Joanne schließlich. »Ich habe eine Wagenladung von Geschenken für Tensin, und ich muss ständig Anfragen abweisen. Wir müssen fast immer Nein sagen, um niemanden zu verletzen.«
»Es ist wirklich verrückt«, sagte Tensin, »aber der Dalai Lama will es so. Dadurch lerne ich Mitgefühl. Diese Menschen zerren an mir, weil sie denken, ich hätte etwas, was ihnen fehlt. Wenn sie es mir nehmen können, dann werden sie glücklich sein, das glauben sie zumindest.«
Ich wollte ihn daran erinnern, dass wir schon einmal darüber gesprochen hatten, dass er sich als etwas Besonderes fühlte, aber ich war erst einmal nur glücklich darüber, zu Hause zu sein.
»Wo tun wir deine Sachen hin?«, fragte Joanne. »Dein Zimmer ist ja...«
»Du kannst sie in mein Zimmer tun«, sagte Tensin, ohne Rücksicht auf die Tatsache, dass er von meinem Schlafzimmer sprach.
»Das wäre wohl fair, da es ja eigentlich James's Zimmer ist«, sagte Stephanie, bevor ich reagieren konnte.
»Natürlich, das wollte ich sagen. Ich bin ja so dankbar.«
»Kein Problem«, sagte ich. »Ich kann auf dem Dachboden schlafen, und meine Koffer können auch da hin. Es kommt ja nicht darauf an.«

Tensin lächelte und ich verspürte eine Mischung aus tiefer Liebe und tiefem Misstrauen. Teilweise fühlte ich mich hochgeehrt, dass er hier war, dass ich mein Haus, mein Zimmer und alles andere mit ihm teilen konnte, doch es gab auch einen anderen Teil in mir, der ihn genau beobachtete, als ob jederzeit seine Maske herunterfallen könnte. Ich war in einer merkwürdigen Position, da er niemandem Anlass gegeben hatte, ihm zu misstrauen, am wenigsten mir. Ich war schließlich gerade erst angekommen. Wenn irgendetwas nicht mit ihm stimmte, dann wäre es den anderen, die seit sechs Wochen mit ihm zusammenlebten, sicherlich aufgefallen. Doch das Gefühl blieb bestehen.

»Maitreya freut sich auch, dass du wieder da bist«, sagte Tensin.

»Wer ist Maitreya?«, fragte ich.

»Lama Tensin hat deinen Hund umbenannt.« Joannes Stimme konnte ihr Unbehagen nicht verbergen. »Er heißt jetzt nicht mehr Harley, sondern Maitreya.« Sie blinzelte mir zu, als wäre es eine Art Spiel, um unseren Gast zufriedenzustellen, und ich solle doch mitmachen.

»Du hast meinen Hund umbenannt?«, war das Einzige, was ich herausbrachte. Ich fühlte mich, als wäre mir selbst gerade die Maske vom Gesicht gerissen worden. Einen Augenblick lang war mir nicht mehr danach zumute, so entgegenkommend zu sein. Es gab Grenzen dessen, was ich mitzumachen bereit war. Mein Zimmer war besetzt, unser Zuhause war belagert, alles kein Problem. Aber Harley umzubenennen, das ging dann doch zu weit. Ich holte tief Luft. »Wenn ihr nichts dagegen habt, ist er für mich immer noch Harley. Ihr könnt ihn ja nennen, wie ihr wollt, aber ich will...«

»Er ist ein erleuchtetes Wesen im Körper eines Hundes«, ließ sich Tensin vernehmen. »Das kommt öfter vor. Seine Heiligkeit hat einen Hund, der in seinem letzten Leben ein großer Lama war. In diesem Leben hat er sich dafür entschieden, als Hund zu kommen, um so zu dienen. Maitreya war vielleicht in einem vergangenen Leben meine Mutter, ich bin mir nicht sicher. Jedenfalls erinnert er mich an den zukünftigen Buddha, deswegen meine ich...«

»Ja, ist schon klar«, sagte ich und ergriff meine Koffer. »Solange es Harley nichts ausmacht, soll es mir auch nichts ausmachen. Ich räum jetzt mal meine Sachen weg.«

Ich stieg zum Dachboden hoch, um wegzukommen. Mein Kopf pochte plötzlich wieder entsetzlich, was er seit Bulgarien nicht mehr getan hatte. Ich dachte, ich hätte diese Anfälle jetzt im Griff, schließlich verwendete ich die Gabe jetzt dazu, mein Bewusstsein zu erweitern. Doch dann wurde mir klar, dass ich die Gabe seit Bulgarien und besonders, seit ich von Lama Tensin gehört hatte, noch überhaupt nicht benutzt hatte. In mir tobte ein Krieg und ich war mir dessen zum ersten Mal voll bewusst. Ich konnte spüren, dass von dem Jungen eine starke Energie ausging, und es wäre so leicht, sich ihr einfach zu überlassen und alles zu glauben. Doch hier war noch etwas anderes im Spiel, was sich meinem Blick entzog. Ich wollte so gerne alles glauben wie die anderen, warum zweifelte ich immer noch? Ich hatte seine großartige Weisheit erlebt und seine Augen waren von unglaublicher Tiefe. Der Schmerz in meinem Kopf sagte mir jedoch, dass ich etwas nicht sehen wollte.

Später am Abend saß ich allein mit Tensin im Wohnzimmer. Alle anderen waren schlafen gegangen und ich hatte endlich Gelegenheit, ihm in die Augen zu schauen und nachzuspüren. Die Kopfschmerzen waren fast weg und ich wollte die Gabe verwenden, um klarer zu sehen.

»Es muss großartig sein, so lange mit dem Dalai Lama gelernt und gelebt zu haben«, sagte ich. »Wann hast du ihn zuletzt gesehen?«

»Er reist seit ein paar Wochen durch die Vereinigten Staaten und ich konnte ihn in San Jose treffen. Es war wunderbar, mit all den Lamas vorne zu sitzen und diese Energie zu spüren. Ich bin jetzt schon lange nicht mehr im Kloster und manchmal vermisse ich die Rituale und die Gesellschaft der anderen. Aber viele sind eifersüchtig auf mich und das macht es für mich auf Dauer schwierig, dort zu bleiben.«

»Warum sind sie eifersüchtig?«

»Weil es sehr ungewöhnlich ist, dass Seine Heiligkeit sich so für einen jungen Tulku interessiert. Die meisten werden zum Lernen zu anderen hohen Lamas geschickt, nicht zu Seiner Heiligkeit. Es war ein großes Privileg, und ich nehme das nicht auf die leichte Schulter. Ich werde immer demütig in seiner Gegenwart, obwohl wir uns schon so lange kennen. Ich möchte nicht, dass die anderen mich für etwas Besonderes halten, aber ich bin es und kann nichts daran ändern.«

»Was macht dich besonders?«, fragte ich.

»Das ist ein schwieriges Thema.« Seine Augen weiteten sich. »In Wahrheit bin ich nicht anders als jeder andere auch. Das ist die höchste Ebene, auf der sind wir alle gleich. Aber manche von uns sind schon länger auf der Leiter als andere, daher sind wir dem Himmel näher. Schon vor dem Anbeginn der Zeit verpflichtete ich mich, Seine Heiligkeit hierher zu begleiten und seine Arbeit zu unterstützen. Ich könnte meine Arbeit nicht tun, wenn ich nicht ein Tulku wäre, eine hochentwickelte Seele. Das macht mich nicht besser als irgendjemand anderes, nur älter, und manchmal brauchen wir ältere Seelen, um uns zu führen.«

»Das klingt merkwürdig aus dem Mund eines Fünfzehnjährigen.«

»Das körperliche Alter spielt dabei keine Rolle. Das Alter deines Körpers ist doch nicht wichtig, wenn du erkannt hast, dass deine Seele unsterblich ist. Ob ich zwei Jahre oder zweiundneunzig Jahre alt bin, es bleibt sich eins. Du würdest es in meinen Augen sehen. Schau in meine Augen und sage mir, was du siehst.«

Ich schaute ihm so tief in die Augen, wie ich konnte, und ich meinte, den Himmel zu sehen. Ich fühlte mich nicht mehr von Bedenken bedrängt wie am Abend zuvor, ich spürte nur noch die Bereitwilligkeit meines Herzens, alles zu glauben, was er sagte.

»Ich sehe eine ganze Menge«, sagte ich. »Ich sehe, dass du mir die Wahrheit sagst.«

»Natürlich sage ich dir die Wahrheit. Ich habe keinen Anlass, dich oder sonst jemanden zu belügen. Ich bin hier, um zu helfen, deswegen kommen so viele Menschen hier nach Joshua Tree. Wir brauchen alle Hilfe, und es ist die Aufgabe eines Tulku, den Seelen zur Erleuchtung zu verhelfen. Ich werde es für den Rest meines Lebens tun, und dann komme ich wieder und mache weiter, so lange, bis jedes Wesen sich daran erinnert, was es wirklich ist. Es ist das Einzige, was mir Freude macht, und nur so kann ich dieses Leben hier aushalten. Ich erinnere mich daran, wie es war, bevor ich zum ersten Mal inkarnierte, und ich erinnere mich an die tausend Inkarnationen seitdem. Aber das, was aus allem herausragt, ist die Liebe, die ich gefühlt habe. Ich bin glücklich, hier zu sein, weil ich so diese Liebe spüre, und deswe-

gen werde ich dir und der Arbeit, die du angefangen hast, alles geben, James.«
Ich war überwältigt von der einfachen, direkten Art, wie er diese Wahrheiten verkündete. Was blieb mir schon übrig, als meine Zweifel aufzugeben und mich an dem zu freuen, was geschah? Das Abenteuer hatte mit meiner Begegnung mit Marco angefangen, dann kamen die anderen Kinder und es würde mit diesem unglaublichen Tulku enden. Es war kaum zu glauben, dass ich hier war und diese ganzen Erfahrungen machte.
»Es gibt noch etwas, was ich dir sagen möchte«, sagte Tensin. »Du hast mich doch nach dieser Frage gefragt.«
»Ja...«
»Ich kann sie dir jetzt sagen. Sie ist ganz einfach, aber sie ist auch die Zusammenfassung von allem, was ich gerade gesagt habe. Die Frage lautet: Wie würdest du dich verhalten, wenn du wüsstest, dass du hier und jetzt ein Abgesandter der Liebe bist? Was würdest du also tun, wenn du dir der Wahrheit über deinen eigentlichen Wesenskern bewusst wärest? Die Antwort ist einfach: Du würdest anfangen, diese Wahrheit zu leben, weil es das Einzige wäre, was überhaupt einen Sinn ergibt. Du würdest als erleuchtetes Wesen leben, weil du es bereits bist.«
»Es gibt noch einen Teil der Frage«, sagte ich. »Es ist vielleicht der Wichtigste.«
»Ja, schlicht und einfach: Fang an. Dies ist der Augenblick, um anzufangen, auf diese Weise zu leben. Dies ist vielleicht die wichtigste Lehre unserer Zeit.«
»Ja, Lama Tensin, davon bin ich überzeugt. Die Kinder stellen alle die gleiche Frage, doch jetzt ist es an uns, sie mit ihnen zu leben. Das ist es, was ich gelernt habe, und ich freue mich sehr darauf, es mit dir zusammen zu tun.«

Ich war nur für drei Tage zu Hause, bevor ich wieder zu einem Konzert nach Mount Shasta musste. Jetzt, wo ich so eine starke Verbundenheit mit Lama Tensin spürte und mir seiner Identität sicher war, fiel mir der Abschied noch schwerer. Ich hatte von Marco und den anderen Kindern so viel gelernt und ich war sicher, dass sich diese Erfahrung jetzt mit dem Tulku fortsetzen würde. Die Gelegenheit war großartig, das Geschenk überwältigte mich, und die Chance, noch tiefer gehen zu können, machte mich demütig.

Doch erstmal blieb mir nichts anderes übrig, als meine Arbeit zu erledigen und so schnell wie möglich zurückzukehren.
Am Samstagabend, zwei Tage nach meiner Ankunft, sollte Tensin in dem üblichen Zentrum einen Vortrag halten. Ich hatte die Aufgabe, ihn sicher dorthin zu bringen, ihn vor der Menge zu schützen und mich hinterher so schnell wie möglich mit ihm aus dem Staub zu machen. Joanne und Nancy hatten das oft genug durchgestanden, jetzt war ich an der Reihe. Tensin würde am Ende eine Feuer-Puja abhalten und ich würde den Wagen bereitstellen. Noch ehe sich irgendjemand versah, würden wir verschwunden und auf dem Weg nach Hause sein. Es war ein guter Plan, wir würden sehen, ob er funktionierte.

Auf dem Weg zum Zentrum sah ich eine völlig neue Seite von Lama Tensin. Wir fuhren eine dieser Wüstenstraßen entlang, auf denen kaum Verkehr herrscht, und Tensin wollte wissen, was mein Mustang so drauf hat. Die Straße verlief schnurgerade über mindestens fünfzehn Kilometer, und selbst Hundertachtzig war ihm nicht schnell genug. Er war wieder der fünfzehnjährige Junge, und ich war ein verantwortungsloser Erwachsener. Mein Wunsch, ihn glücklich zu sehen, war stärker als meine Vernunft, und ich ließ es zu, wenigstens für diesen Augenblick. Er hatte so selten Gelegenheit dazu, jung und frei zu sein, einfach dem Jungen in ihm Raum zu geben. Weit und breit war kein Mensch zu sehen und irgendwie wusste ich, dass uns nichts passieren würde.
Dann geschah etwas, was mir ewig unerklärlich bleiben wird.
»Willst du etwas Tolles sehen?«, schrie Tensin mir zu.
»Was denn?«, schrie ich zurück
»Sag einfach Ja oder Nein. Willst du etwas Tolles sehen?«
Ich grinste und fragte mich, was er wohl im Schilde führte. »Klar, mach nur.«
»Du hältst uns für ziemlich schnell, oder?«
»Ja, wir fahren ziemlich schnell, viel schneller geht es nicht.«
»Geht es doch.«
»Was meinst du?«
»Wir können noch schneller, viel schneller«, rief er mir zu. »Hier, ich zeig's dir.«
Wir waren noch fünfzehn Kilometer von dem Zentrum entfernt als er dies sagte, doch innerhalb einer Sekunde fuhr ich auf die

Einfahrt zu. Ich fuhr an den Straßenrand und hielt den Wagen ein paar Meter vor dem Tor an. Ich zitterte. Ein paar Leute standen herum und begannen, auf uns zuzugehen, als sie sahen, wer hier im Wagen saß.

»Fahr lieber hinein«, sagte Tensin, »sonst kommen wir nicht mehr durch.«

»Was ist eben passiert?«, fragte ich verblüfft. »Was hast du gemacht?«

»Nichts habe ich gemacht«, erwiderte er. »Wir sind einfach hier, nichts Ungewöhnliches. Vor einem Augenblick waren wir dort und jetzt sind wir hier. Ich weiß nicht, warum du so überrascht bist.«

Immer mehr Menschen begannen, sich auf uns zuzubewegen, also fuhr ich durch das Tor. Ich brachte Tensin zu dem Raum, wo Nancy uns erwartete. Als sie uns sah, seufzte sie erleichtert auf. »Gott sei Dank seid ihr da«, sagte sie. »Das Zentrum ist schon voll und es kommen ständig mehr. Dutzende von Leuten lungern draußen herum und wollen irgendwie an Tensin herankommen. Ich bin erstaunt, dass ihr so gut durchgekommen seid.« Dann schaute sie mich an. »Ist alles in Ordnung, James? Du bist so blass!«

Ich schaute zu Tensin hinüber und er grinste zurück. Was sollte ich sagen? Ich hatte keine Ahnung, was gerade geschehen war, ob überhaupt etwas geschehen war. Ich hatte keine Erklärung und wollte gerade auch keine.

»Ich bin okay«, beruhigte ich Nancy. »Die Hitze setzt mir wohl ein bisschen zu. Kein Grund zur Sorge.«

»Ich glaube, James fängt langsam an, zu glauben«, sagte Tensin mit einem breiten, jungenhaften Grinsen. »Er hat sozusagen einen großen Sprung in diese Richtung getan.«

»Ich weiß nicht, wovon ihr redet«, sagte Nancy. »Es ist Zeit für dich, Tensin.«

Sie gingen hinaus und ließen mich schweißtriefend zurück. Lag es an der Hitze oder hatte Tensin Recht? Ich hatte wohl schon Erstaunlicheres gesehen, besonders seit ich Marco begegnet war. Irgendetwas war hier jedoch anders, ich wusste es. Ich konnte es nicht benennen, aber mein Kopf schmerzte wieder mehr, als er es seit Monaten getan hatte. Ich atmete ein paar Mal tief durch und versuchte, mich zu beruhigen.

»Was versucht ihr mir zu sagen?«, fragte ich meine glühenden Schläfen.

Ich erhielt keine Antwort außer dem beständigen Pochen in meinem Kopf und dem Gefühl, dass ich vor einem der wichtigsten Durchbrüche meines Lebens stand.
Nach einer Weile ließ der Schmerz etwas nach und ich fühlte mich in der Lage, hinüber ins Zentrum zu Tensins Vortrag zu gehen. Er hatte vor, die wunderschöne Zeremonie des Zufluchtnehmens durchzuführen, bei der man sein Leben dem Göttlichen widmet. Das Gebäude war überfüllt und die Leute drängten sich noch davor. Ich zwängte mich hindurch und stellte mich an die Rückwand des Saales. Viele Menschen knieten auf dem Boden und hielten den Kopf ehrfürchtig gesenkt. Die meisten anderen waren ganz fasziniert von Tensins Ausführungen, einer Mischung aus kindlichem Gelächter, Geschichten und traditioneller buddhistischer Philosophie. Er sagte nichts, was mir unbekannt gewesen wäre, doch seine Stimme klang so anrührend, dass sie einen bezauberte. Es war so einfach, diesem Jungen zu vertrauen und alles zu glauben, was er sagte. Und schließlich hatte ich es selbst gerade vor einer halben Stunde erfahren – war das echt gewesen oder eine Einbildung? Und wenn es wirklich geschehen war, was hatte es für eine Bedeutung? Ich hatte mehr Fragen als Antworten. Dort zu stehen brachte mich jedenfalls auch nicht weiter.
Ich ging wieder hinaus und schaute hinauf zu den Sternen. Der Himmel über der Wüste war wunderschön, die Sterne bildeten geheimnisvolle Wolken glitzernden Lichtes, so hell, dass sie bis auf den Boden leuchteten. Wirklichkeit oder Einbildung, mir war, als ob dieses Sternenlicht aus einer Entfernung von Millionen von Lichtjahren die Erde berühren und entzünden wollte. War das möglich, oder waren sie zu weit weg? Waren ihre Flügel vielleicht zu kurz, um bis hierher zu reichen? Irgendwie erinnerte mich das an Tensin, die Art wie er lebte und sein Licht verbreitete. War alles Illusion, nichts als Schall und Rauch, oder war es unser eigenes Licht, das wir spürten? *Die Kinder von Oz* hatten gesagt, dass es vor allem darum ging, das Herz dem Mitgefühl zu öffnen, und dass dann alle Wunder selbstverständlich werden. Warum wurde ich das Gefühl nicht los, dass Tensin irgendwie anders war als diese Kinder? Ich wollte gerne alles glauben, genauso wie alle anderen, und es mangelte nicht an Beweisen. Mein Kopf sagte mir jedoch, dass mir noch etwas fehlte, um die Wahrheit ganz zu erkennen.

»Mach die Augen auf«, sagte ich zu mir selbst. »Es liegt direkt vor deiner Nase, du musst nur hinschauen.«

Zwei Tage später war ich auf dem Weg zu meinem Konzert am Mount Shasta, als das Autotelefon klingelte. Es war Joanne.
»Hier ist etwas Merkwürdiges im Gange«, sagte sie, »und ich weiß nicht, was ich davon halten soll.«
»Erzähl.«
»Heute Morgen kam ein Fax von der Frau an, die sich vor uns um Tensin gekümmert hatte. Tensin hat immer gesagt, dass sie ihn nicht gut behandelt hätte, aber sie erzählte eine ganz andere Geschichte. Als er eine Weile bei ihr gewesen war, wollte sie sichergehen, auch alles richtig zu machen. Wer weiß schon, wie man mit einem fünfzehnjährigen Lama umzugehen hat? Sie schrieb an den Ashram des Dalai Lama in Indien. Sie erhielt ein Fax als Antwort, das sie uns mitgeschickt hat. Dort kennt man keinen Lama Tensin. Komisch, oder? Vielleicht hat er seinen Namen geändert oder es gibt eine andere gute Erklärung dafür, aber ich bin etwas beunruhigt.«
»Vielleicht ist es ein Irrtum oder ein Missverständnis«, sagte ich, »aber wir müssen es aufklären. Schließlich ist er noch minderjährig und wir tragen die Verantwortung für ihn. Wir müssen das ernst nehmen.«
»Was sollen wir deiner Meinung nach tun?«
»Wo ist er denn jetzt?«
»Er bleibt über Nacht bei Jennifer in Palm Desert und kommt erst morgen Nachmittag zurück.«
»Hast du nicht erzählt, dass er dir bei seiner Ankunft einen Ausweis von einem Kloster in New York gezeigt hat?«, fragte ich.
»Das stimmt, mit Photo. Damit wies er sich als Lama aus. Vielleicht sollten wir dort mal anrufen.«
»Das halte ich für eine gute Idee, und zwar sofort. Vielleicht ist ja wirklich alles nur ein Missverständnis, aber wir müssen es so schnell wie möglich klären.«
»Ich ruf dich wieder an, sobald ich etwas Neues weiß«, sagte sie und legte auf.
Ich rechnete mit Kopfschmerzen, aber ich spürte nichts als eine friedvolle, herzzentrierte Energie, als ob sich alles klären würde.

Ich konnte mir nicht vorstellen, dass Tensin ein Hochstapler war. Er wusste zu viel, strahlte zu viel Licht aus, hatte zu viele Menschen beeindruckt. Joanne würde sicherlich für alles eine logische Erklärung finden.
Eine Stunde später klingelte es wieder.
»Sitzt du gut?«, fragte Joanne mit einer Stimme, die ich noch nie bei ihr gehört hatte. »Es ist kaum zu glauben, was ich herausgefunden habe.« Sie hielt einen Moment lang inne und ich wusste, dass sie unangenehme Neuigkeiten hatte. »Es war alles eine Täuschung. Es gibt keinen Lama Tensin und er ist kein vom Dalai Lama entdeckter Tulku. Er ist dem Dalai Lama niemals begegnet. Ich habe mit einer Frau aus dem Kloster gesprochen und sie hat mir erzählt, dass er dieses Spiel schon mit vielen Leuten getrieben hat. Wir seien nicht die Ersten, die deswegen anrufen. Er hat wohl ein paar Kurse im Kloster besucht und den Ausweis gefälscht. Der leitende Lama jenes Klosters war von Tensins Eifer so beeindruckt, dass er ihm die Mönchsrobe geschenkt hat. Daraufhin verschwand er und sie haben ihn nie wieder gesehen, allerdings durchaus von ihm gehört.«
»Du meinst, durch Leute wie uns?«
»Genau. Ich habe sogar mit seiner Mutter gesprochen. Sie hat zwar nicht viel gesagt, aber doch etwas Wesentliches.«
»Irgendwie habe ich das Gefühl, dass das alles in ein anderes Licht stellen wird.«
»Absolut richtig. Lama Tensin, unser süßer, fünfzehnjähriger Junge, ist gar kein Junge, sondern eine fünfundzwanzigjährige Frau. Er ist eine sie.«
»Das ist unmöglich«, rief ich aus.
»Warum? Denk doch einmal nach. Tensin war immer sehr auf ihre Intimsphäre bedacht. Deswegen ist sie jetzt auch nicht mit dir unterwegs, obwohl das eigentlich der Plan war. Sie wollte mit dir herumreisen, wenn du aus Europa zurück wärst. Wir haben einen fünfzehnjährigen Jungen sehen wollen und so haben wir ihn auch gesehen.«
»Ich kann nicht glauben, dass es alles Schwindel war. Er, ich meine sie, wusste einfach so viel. Sie kann Tibetisch schreiben und sprechen, jedenfalls so weit wir das beurteilen können.«
»Genau«, sagte Joanne. »Wie können wir beurteilen, ob es echt war? Vielleicht ist Tensin auch wirklich ein hochintelligenter

Mensch und lernt sehr schnell, oder sie weiß einfach nur genug, um uns hinters Licht zu führen.«

»Ich habe noch eine Frage«, sagte ich. »Hast du ihr je die E-Mail gezeigt, in der ich meine Geschichte aus Bulgarien erzählt habe?«

»Nein, warum fragst du?«

»Ich muss das wissen. Ich habe darin von dieser Frage erzählt, die diese Kinder stellen. An dieser Frage erkennt man, dass sie alle zu dem gleichen Netzwerk gehören.«

»Du meinst: Wie würdest du dich verhalten, wenn du wüsstest, dass du hier und jetzt ein Abgesandter der Liebe bist?«

»Genau«, erwiderte ich. »Tensin hat sie mir vor ein paar Tagen gesagt. Ich will also wissen, ob sie es in der Mail gelesen hat oder ob sie sie wirklich wusste.«

»Ich bin ganz sicher, dass ich sie ihr nie gezeigt habe, und ich glaube, auch sonst niemand. Warum auch? Niemand hat ihr von deiner Geschichte erzählt.«

»Tensin war also in jeder Hinsicht eine Lügnerin, aber sie kannte die Frage der *Kinder von Oz*. Wie ist das nur möglich?«

»Wie ist all das möglich?«, fragte Joanne zurück. »Wie konnten wir uns von ihr so täuschen lassen? Hunderte von Menschen laufen hier herum und suchen den jungen Meister, was sollen wir ihnen sagen? Die Wahrheit? Die ganze Geschichte ist ein Mysterium!«

»Und ich habe das Gefühl, dass das noch nicht alles war«, sagte ich. »Ich glaube sogar, dass das erst der Anfang ist.«

KAPITEL SECHS

Angelas Botschaft

Ich brauchte fast eine Woche, um das Geschehene zu verarbeiten. Über einen Monat lang hatte Tensin bei uns im Haus gelebt, in meinem Zimmer geschlafen und jeden davon überzeugt, dass sie ein, vom Dalai Lama gesandter, fünfzehnjähriger Junge war. Bis zum heutigen Tag kann ich nicht fassen, wie leicht wir uns alle täuschen ließen, wie leicht wir uns alle von etwas überzeugen ließen, was wir gerne glauben wollten, was jedoch nicht der Realität entsprach. Es hatte Zeichen gegeben, für die wir jedoch in unserer Vertrauensseligkeit blind gewesen waren. Ein Teil von mir wollte sich verstecken und den Unbeteiligten spielen. Schließlich hatte ich ja nur drei oder vier Tage mit ihr verbracht, ich war in England gewesen, während sie hier allen die Herzen und Köpfe verdrehte. Aber ich wusste, dass ich mich nicht von den anderen unterschied, denn auch ich hatte es mit aller Kraft glauben wollen. Mein Ego hatte der Vorstellung, dass dieser erstaunliche Junge gekommen war, um mit mir zu arbeiten, nicht widerstehen können. Ich hatte mit vollem Einsatz mitgespielt.

Als ich nach Joshua Tree zurückkehrte, versuchte ich, die Scherben zusammenzukehren. Trotz all meiner Erfahrungen mit den *Kindern von Oz* zweifelte ich an allem. Vielleicht hatte ich auch dort zu bereitwillig geglaubt und einfach gesehen, was ich sehen wollte. Vielleicht waren es alles Taschenspielertricks gewesen und meine eigenen merkwürdigen Fähigkeiten hatten gar nichts damit zu tun. Vielleicht wussten sie von meiner Neigung, Bücher über meine Reisen zu schreiben und hatten alles schlau eingefädelt. Ich erwog diese Möglichkeit allerdings nur etwa zehn Sekunden lang. Niemand hätte all das einfädeln können. Selbst wenn Marco einfach ein gewöhnliches Kind gewesen wäre, hätte niemand ahnen können, dass ich meiner Intuition bis in die Berge Bulgariens folgen würde. All diese Erfahrungen waren als Folge meiner eigenen inneren Empfindungen und Entscheidungen zustande gekommen. Wenn mich hier jemand an der Nase herumführte, dann war ich es selbst.

Am meisten verwirrte mich, dass ich zwei getrennte Geschichten erlebt zu haben schien, die jedoch durch einen starken Faden miteinander verbunden waren. Ich war Marco und den anderen *Kindern von Oz* begegnet und sie waren so authentisch, wie man nur sein kann. Die Energie, die von diesen Kindern ausging, erschütterte die Grundfesten der Physik und ich sah Dinge, die so manchen Wissenschaftler vom Glauben an Newton abgebracht hätten. Ich selbst war in der Lage, Dinge zu tun, mit denen ich in jeder Show in Las Vegas auftreten konnte. Wie sehr mich die Geschichte mit Tensin auch verunsichert hatte, diese Erfahrungen ließen sich nicht leugnen. Auf der anderen Seite hatte sich Lama Tensin als eine meisterhafte Schwindlerin entpuppt. Sie hatte all die richtigen Sachen gesagt und unendlich viel Vertrauenswürdigkeit ausgestrahlt, aber ohne jede Grundlage. Nichtsdestotrotz besaß sie die gleiche transformierende Kraft wie die anderen Kinder, denen ich begegnet war. Die einen sagten die Wahrheit und die andere log, doch das Ergebnis war das Gleiche: Es bewegte die Menschen, sich ihrer eigenen Göttlichkeit bewusst zu werden, und darum ging es ja schließlich.
Meine Freunde litten unter dieser unverhofften Wendung der Geschichte mindestens so sehr wie ich. Sie hatten sich schließlich die ganze Zeit um sie gekümmert und sie mütterlich durch alle möglichen Situationen begleitet. Nachdem die Neuigkeit raus war, blieb es wieder an Joanne und Nancy hängen, die Situation zu klären. Sie packten ihre Sachen und fuhren damit zu dem Haus, wo Tensin über Nacht bleiben sollte. Dort ließen sie die Bombe platzen. Das Spiel war aus, aber Tensin leugnete alles. Sie behauptete immer noch, ein Tulku zu sein und dass niemand das wirklich verstünde. Erst nach Stunden gab sie zu, eine Frau zu sein, und selbst das nur indirekt. »Ich bin ein Mann im Körper einer Frau«, beharrte sie. Zu guter Letzt fuhr man sie unter ihrem anhaltenden Protest zum Flughafen und setzte sie in ein Flugzeug nach New York.

Und jetzt? Ich fühlte mich, als ob ich auf das Spielfeld geraten wäre, wo man wieder zurück auf »Start« gehen muss. Ich beschloss, erst einmal abzuhauen, weg von dieser glühenden Wüste. Ich flog zu meiner Tochter nach Chicago. Angelas Schule ging bald wieder los und dann würde ich sie eine Weile nicht besuchen

können. Hier zu Hause konnte ich doch nichts tun. Die Massen hatten sich verzogen und alles war wieder genauso wie vor Tensins Ankunft.
An meinem zweiten Tag in Chicago machte ich mit Angela einen Ausflug zum Navy Pier. Wir wollten ein bisschen einkaufen und dann am See entlang bummeln. Es war ein herrlicher Tag und das Klima bildete eine wunderbare Abwechslung zu der brütenden Wüstenhitze in Joshua Tree. Ich fing an, die Temperatur bei uns zu Hause als Metapher für die Achterbahnfahrt, die wir gerade absolviert hatten, zu betrachten. Die Hitze bringt zum Vorschein, was du wirklich bist, ich wusste nur noch nicht genau, was das in Bezug auf uns bedeutete. Vielleicht war es noch zu früh, vielleicht würde es zu irgendeiner Art verzögerter Reaktion kommen, durch die wir zurückschauen könnten und sagen: »Ach so, jetzt verstehe ich alles.« Das war aber leider noch nicht geschehen. Es war ohnehin wahrscheinlicher, dass wir einfach versuchen würden, die Erinnerung an Tensin so gut wie möglich zu vergessen, ohne uns um das ganze »Wie« und »Warum« und die möglicherweise darin enthaltenen Lektionen zu kümmern.

Solange ich mit Angela zusammen war, erschien all das jedoch nicht mehr so wichtig. Ich freute mich darüber, bei meiner »normalen« Tochter zu sein, die weder über mediale Kräfte verfügte noch sich auf alte buddhistische Traditionen bezog. Sie war in der Phase, wo man sich über so etwas eher lustig macht, viel zu erdverbunden in ihren jugendlichen Aktivitäten, um sich über solchen Unsinn den Kopf zu zerbrechen. Das war genau die Haltung, die mir gut tat. Sie half mir, alles etwas herunterzuspielen und es aus einem neuen Blickwinkel zu sehen.
»Weißt du, ich hätte dir gleich sagen können, dass da etwas faul ist«, meinte Angela, als ich ihr die Geschichte erzählte. Wir spazierten am Michigan-See entlang und die Gischt der gegen die Felsen schlagenden Wellen besprühte unsere Schuhe mit kleinen Tröpfchen.
»Wie meinst du das?«, fragte ich sie.
»Jeder, auch du, fand diese Tensin so besonders, so anders als ihr alle, deswegen habt ihr ihr so leicht geglaubt. Wahrscheinlich hat sie zuerst nur eine kleine Geschichte erzählt, aber als sie merkte, wie viel Aufmerksamkeit sie damit bekam, hat sie sie

immer weiter ausgeschmückt. Du glaubst, sie hätte sich das alles ausgedacht, aber eigentlich wart ihr es.«
»Wir haben die Geschichte doch nicht erfunden«, wehrte ich mich. »Wir haben nur wiederholt, was sie uns erzählt hat.«
»Ich weiß, dass du meinst, dass es so gewesen ist, aber das stimmt nicht. Ihr habt genau das gesehen, was ihr sehen wolltet und gehört, was ihr hören wolltet. Sonst hättet ihr die Zeichen gesehen und sie gleich durchschaut. Ihr habt sie angezogen und sie hat die Rolle gespielt, in der ihr sie haben wolltet.«
Es fing an, einen Sinn zu ergeben. »Sprich weiter«, ermutigte ich sie.
»Was soll ich sonst noch sagen? Natürlich hätte sie die Geschichte nicht erfinden sollen, aber ihr wart willige Mitspieler, nicht Opfer. Vielleicht wolltet ihr etwas daraus lernen.«
»Was meinst du denn, was wir daraus lernen könnten?«
»Vielleicht, dass die Geschichte, die man hört, nichts mit der dahinter steckenden Wirklichkeit zu tun hat.« Sie schwieg einen Moment lang. »Ich kann kaum glauben, dass ich so rede, ich klinge schon wie du. Jedenfalls sagst du immer, dass wir bereits erleuchtet sind, es aber nicht glauben. Was wäre denn, wenn wir so täten, als wären wir erleuchtet? Wenn wir es doch schon sind, dann würde es Wirklichkeit werden, indem wir so tun als ob. Macht das Sinn?«
»Mehr als du glaubst. Fahr fort.«

»Naja, Tensin tat so, als wäre sie ein erleuchteter buddhistischer Mönch, und es klingt so, als hätte sie es wirklich geglaubt. Du hast erzählt, dass alle um sie herum so eine starke Energie spürten, genauso wie bei den Kindern in Bulgarien. Wenn aber die einen echt waren und sie eine Schwindlerin, warum war dann die gleiche Energie da?«
»Das frage ich mich auch schon die ganze Zeit.«
»Ich glaube, ich weiß, warum«, sagte Angela. »Sie gab vor, etwas zu sein, das wahr war. Die Geschichte stimmte vielleicht nicht, dieser ganze buddhistische Kram, aber die Geschichte hinter der Geschichte stimmte. Sie war so davon überzeugt, dass sie all das war, was sie vorgab, dass es zu ihrer Erfahrung wurde, und dann wurde es auch zu eurer Erfahrung.«
»Wie das?«

»Weil ihr es geglaubt habt. Ihr konntet es nur spüren, weil ihr es geglaubt habt. Sonst hättet ihr ihr die Geschichte entweder nicht abgenommen oder ihr hättet euch nicht darum gekümmert. Die anderen Kinder, denen du begegnet bist, glaubten auch an sich, aber sie hatten noch etwas, was Tensin fehlte: Sie konnten diese Wahrheit spüren. Deswegen geschahen all die Wunder um sie herum. Sie konnten die Wahrheit spüren und das öffnete ihre Herzen. Wie du gesagt hast, die Wunder geschahen nur, weil ihre Herzen offen waren oder so. Tensin hat die Wahrheit über sich geglaubt, aber sie hat sie nicht gespürt.«

»Tensin hat etwas vorgegeben, was sie nicht war, nämlich erleuchtet«, wiederholte ich, »und hat sich deswegen so verhalten wie ein erleuchtetes Wesen. Aber die anderen Kinder taten nicht nur so als ob, sie hatten ihren Herzen erlaubt, sich so weit zu öffnen, dass sie nichts vorzugeben brauchten, deswegen all die Wunder.«

»Das ist meine Meinung. Das, oder ihr wart einfach zu leichtgläubig. Mich hätte sie nicht getäuscht. Glaubst du nicht, dass ich gemerkt hätte, dass ›er‹ eigentlich eine ›sie‹ war?«

»Ich weiß nicht, Angela, sie hat eine Menge Leute getäuscht.«

»Weil ihr getäuscht werden wolltet«, beharrte sie. »Zum Glück konntest du die Wahrheit trotzdem spüren.«

»Weil es etwas in Tensin gab, was wahrhaftig war, obwohl sie uns etwas vorlog.«

»Genau. Du erzählst den Leuten doch immer, sie sollen so tun, als wären sie erleuchtet. Vielleicht wird man so erleuchtet, indem man so tut, als ob man es schon wäre.«

»Das ist großartig, Angela. Bist du sicher, dass du nicht eines dieser *Kinder von Oz* bist?«

»Auf keinen Fall. Ich bin nicht so ein Freak. Du kennst mich doch, ich bin total normal.«

»Na gut, dann will ich dich etwas fragen«, erwiderte ich. »Wenn du allen Leuten auf der Welt eine Frage stellen könntest, welche wäre es?«

»Was ist das denn für eine Frage?«

»Tu mir einfach den Gefallen. Wenn du die Chance hättest, der ganzen Menschheit eine Frage zu stellen, in Bezug auf das, was du gerade gesagt hast, was würdest du sie fragen?«

Eigentlich wollte sie sich nicht auf mein Spiel einlassen, aber ich spürte, dass es auch eine andere Stimme in ihr gab. Sie dachte ein Weilchen nach. Sie schien mich zur Abwechslung einmal ernst zu nehmen.

»Also gut«, sagte sie endlich. »Ich würde Folgendes sagen: Wie würdet ihr euch verhalten, wenn all diese Dinge wahr wären, all dieses ›Abgesandte der Liebe‹-Zeug? Wenn es nicht nur hübsche Ideen wären, sondern echt? Fangt an.« Sie brach ab und schaute mich merkwürdig an. »Das macht keinen Sinn, oder?«

»Oh, doch. Es macht unglaublich viel Sinn. Mehr als du ahnst.«

Während ich den letzten Teil dieses Buches schrieb, staunte ich wieder über all das, was ich von Marco, den Kindern in Bulgarien, Tensin und vielleicht am meisten von Angela gelernt hatte. Als ich aus Bulgarien zurückgekehrt war, dachte ich, alles in der Hand zu haben, was ich für diese Geschichte bräuchte, doch dann spazierte Lama Tensin mit seiner Trickkiste in mein Leben und beglückte mich auf unerwartete Weise. Die dadurch hervorgerufene Verwirrung bewirkte in mir eine noch tiefere Wertschätzung dessen, was ich von den *Kindern von Oz* gelernt hatte, aber ich brauchte die Hilfe meiner Tochter, einer völlig normalen Jugendlichen, um dies zu begreifen. Vor allem hatte ich gelernt, dass die Kinder uns überall in unsere Rolle als Abgesandte der Liebe hineinführen, unabhängig davon, wo und wie sie auftreten. Es ist menschlich, einzelne Gruppen als etwas Besonderes zu betrachten, als weiser oder wertvoller, aber was es hauptsächlich zu lernen gilt, ist, dass wir alle gleich sind, und vielleicht verhilft uns genau diese Erkenntnis zu einer neuen Erfahrung unserer selbst. Letztendlich sind wir alle Abgesandte der Liebe, wir brauchen diese Tatsache nur zu erkennen und zu glauben.

Marcos größte Lektion lag für mich in der Erkenntnis, dass ich die Gabe bereits in mir getragen hatte, dass sie nur erweckt werden musste. Von den Kindern in Bulgarien lernte ich, dass diese Tür jedoch nur offen bleibt, wenn wir den Gesetzen des Mitgefühls und des Friedens entsprechend leben. Tensin brachte mir bei, dass dies auf vielfältige Weise geschehen kann, dass die Energie der Liebe jedoch, entsprechend unserem Wunsch nur Liebe lehren zu wollen, fließt. Und zuletzt lernte ich von Angela, dass jeder von uns sich bemüht, es so gut zu machen wie möglich, und dass das vielleicht reicht. Das Licht ist bereits da, wir sind alle erleuchtet – wir müssen uns nur selbst aus dem Weg gehen, um das zu erkennen. Doch am Ende gibt es nur eine Lektion zu lernen und die schließt alle anderen mit ein. Wie die *Kinder von Oz* schon sagten: »Wie würde die Welt aussehen, wenn wir alle erkennen würden, dass wir hier und jetzt Abgesandte der Liebe sind? Wie würde uns das verändern? Wie würden wir miteinander umgehen? Und wenn wir bereit sind, die Möglichkeit dieser schönen, neuen Welt in Erwägung zu ziehen, wann sollten wir damit anfangen, wenn nicht jetzt?« Es ist alles so einfach und doch von so tiefer Bedeutung. Jeder sagt es, wir brauchen bloß zuzuhören. Ich bin den Kindern so dankbar, die mich all dies gelehrt haben, und ich weiß, dass es noch viel mehr Kinder gibt, die mir helfen werden, die Herrschaft der Liebe in meiner Seele zu festigen. Die *Kinder von Oz* sind überall, in unseren eigenen Häusern, unseren Gärten und in unserer Nachbarschaft, sogar wenn wir in den Spiegel schauen. Die Frage ist, ob wir bereit sind, der Frage zuzuhören, die unser Leben verändern kann, und ihr nicht nur zuzuhören, sondern sie mutig zu beantworten. Natürlich geht es nicht darum, beeindruckende mediale Kunststücke aufzuführen. Wenn so etwas einfach passiert, so ist es wunderbar, wenn nicht, bleibt uns immer noch die Weiterentwicklung der Weisheit, die die Grundlage jeder dieser Begabungen bildet: Mitgefühl, Liebe, Leichtigkeit, Frieden. Ohne diese Weisheiten bleiben solche Kräfte ohne Bedeutung, aber mit ihnen kann sich die ganze Welt direkt vor unseren Augen verwandeln.

Ich habe vor, herumzureisen und so vielen dieser Kinder wie möglich zu begegnen. Warum? Weil sie mich inspirieren und daran erinnern, warum ich hierher gekommen bin. Außerdem ist das Leben dazu da, genossen und gelebt zu werden, und ich weiß nichts, was ich lieber täte. Ich möchte Sie einladen, mich auf diesem Abenteuer zu begleiten, nicht indem Sie alle mit mir mitfahren, sondern indem Sie diese geheimnisvolle Kraft in sich fördern, die uns daran erinnert, dass wir alle *Kinder von Oz* sind. Es ist derzeit zu viel los in der Welt, als dass man sich einfach zurücklehnen und zuschauen könnte. Wir müssen mitmachen, wir müssen bereit sein, uns jederzeit in dieses schöne, neue Licht hineinzubegeben. Sind Sie bereit? Ich glaube, dass wir es alle sind. Das ist es, was ich von den Kindern gelernt habe, denen ich begegnet bin, und ich werde es nie vergessen. Ich will einfach immerfort ihre Frage beantworten, in jedem Augenblick meines Lebens. Das ist das Einzige, worauf es jetzt wirklich ankommt.

Eine Weile später hörte ich eine interessante Nachricht: Der Dalai Lama soll in einer jungen Frau einen großen buddhistischen Tulku erkannt haben. Es wurde kein Name genannt, aber wer weiß?

Die Thomas-Botschaften

Ende Januar 2002, ein Jahr nach meiner ersten Begegnung mit Marco, lag ich in meinem neuen Zuhause in Ashland, Oregon, in der Badewanne, als ich die Gegenwart von einem der Kinder aus dem Kloster wieder spürte. Thomas' besondere Begabung lag unter anderem darin, über weite Entfernungen Kontakt aufnehmen und Gedanken senden zu können. Während ich mich in der Wanne entspannte, überkam mich plötzlich das Gefühl, dass ich eine Botschaft erhielt. Ich sprang aus dem Wasser und setzte mich an meinen Computer. Thomas vermittelte mir drei Botschaften, die ich über das Internet weitergab, so dass sie innerhalb weniger Tage von Tausenden von Menschen überall auf der Welt gelesen wurden. Die Nachricht verbreitete sich mit Lichtgeschwindigkeit weiter, und ich merkte, dass hier etwas Außergewöhnliches im Gange war.
Die Botschaften waren sehr schlicht, doch es schien, als läge zwischen den Zeilen eine tiefere Weisheit. Diese Kinder möchten, dass wir uns daran erinnern, wer wir sind. Sie wissen, dass dies der einzige Weg für die Menschheit ist, eine Welt des Mitgefühls und des Friedens zu erschaffen. Sie haben diese Schwingung für uns aufrechterhalten und bieten uns durch diese Botschaften jetzt einen Weg an, die Kraft der Liebe zu erfahren.

Werden wir die Augen aufmachen und dieses Licht annehmen oder werden wir die Welt ins Chaos stürzen lassen?
Die Entscheidung liegt bei uns!

Erste Botschaft

Wir, die so genannten *Kinder von Oz*, sind überall und wir möchten euch jetzt helfen, eure Träume zu verwirklichen. Wir arbeiten bewusst zusammen, um ein einzigartiges Energienetz zu stärken, mit dessen Hilfe die Menschheit sich buchstäblich zu einer neuen Ebene der Liebe und des Mitgefühls aufschwingen kann. Dieses Netz ist bereit, jeden zu unterstützen, der sich auf diese Wirklichkeit einlässt.

Die drei Botschaften, die wir hier anbieten, haben eine sehr subtile Wirkung auf eure Psyche. Sie bereiten den Boden in euren Herzen dafür vor, die Saat einer neuen Welt aufzunehmen.

Wir beginnen mit einer Vision. Wir bitten euch, es einfach durchzulesen und die Symbole auf euch wirken zu lassen. Selbst wenn euer Kopf es vielleicht nicht begreift, euer Herz wird verstehen.

Eine Vision

Stell dir vor, du gehst durch ein großes Portal und betrittst eine riesige Kathedrale. Es ist ein altes Gebäude, doch alles ist öd und leer, keine Gemälde oder Reliefs, keine Statuen oder Altäre. Der ganze Raum ist wie ausgestorben. Während du umhergehst, breitet sich ein Gefühl der Leere in deinem Herzen aus. Du weißt nicht, was hier geschehen ist, außer dass hier einmal Leben war und jetzt alles tot ist.

Dann hörst du irgendwo über dir ein Geräusch. Du schaust nach oben und entdeckst plötzlich ein Baugerüst auf einer Seite der Kathedrale, das sich die steinerne Wand entlang bis nach oben hinzieht. Ganz dort oben stehen ein paar Menschen auf Brettern und arbeiten etwas an der Decke. Bei näherem Hinsehen merkst du, dass es Kinder sind, die dir jetzt mit ihren Pinseln zuwinken und dabei lächeln. Da beginnt das Gefühl der Leere in dir, sich aufzulösen. Sie arbeiten an einem Deckengemälde, du erkennst leuchtende Farben und heitere Gesichter. Die Kälte und Leere der Kirche erscheint dir plötzlich unerträglich und du sehnst dich danach, dort oben bei den Kindern zu sein. Eines

der Kinder scheint zu spüren, was in dir vor sich geht und winkt dir, herauf zu kommen.
Zunächst fällt dir das Klettern schwer, doch mit jeder Stufe fühlst du dich stärker. Es dauert gar nicht lange, da bist du oben. Kleine Hände strecken sich dir entgegen, um dir die letzten Schritte zu erleichtern. Jetzt kannst du endlich das Gemälde genauer betrachten. Du hast noch nie etwas so Schönes und Faszinierendes gesehen. Staunend schaust du auf eine neue Welt und gleichzeitig ist sie dir so vertraut. Es ist die Welt von der du immer geträumt hast: eine Welt vollkommenen Friedens. Die Kinder stehen um dich herum und freuen sich über deine Begeisterung. Dann verschwinden Kathedrale, Gerüst und alles um dich herum. Du gehst ein in die wunderbare Szenerie und die ganze Welt kommt mit dir mit.

Wir lieben euch,
Thomas

Zweite Botschaft

Eine Prophezeiung

In der Vollendung des »Bewusstseinsnetzes« der so genannten *Kinder von Oz* liegt sowohl eine Chance als auch eine Warnung. Man könnte sagen, dass die Menschheit an eine Weggabelung gekommen ist. Jetzt, da das »Netz« aktiviert ist, verlangt es eine Antwort. Es kann nicht unbeachtet bleiben. Sein Impuls ist mit dem Brechen eines riesigen Dammes vergleichbar. Der Fluss wird mächtiger und schneller und man kann sich entweder der Strömung anpassen und auf den Wellen reiten oder untergehen. Der Fluss hat sich verändert, und die Entscheidung liegt bei jedem von uns.
Die neuen Kinder zeigen der Welt, was möglich ist, wenn wir uns auf die Veränderung einlassen. Wenn ihr euer Herz erweitert, um dieses Energienetz darin aufzunehmen, werdet ihr eine erstaunliche Transformation erleben. Wenn ihr widersteht und euer Herz verschließt, werdet ihr euch verwirrt und deprimiert fühlen. Die Entscheidung liegt, wie gesagt, bei euch, doch ihr seid für diesen Schritt bereit.

Es wird sich eine von zwei Welten entfalten, je nachdem, wie ihr euch individuell und kollektiv entscheidet. Es wird sich innerhalb von zwei Jahren zeigen, und dies sind die Zeichen:
Die Psyche der *Kinder von Oz* steht mit den Walen und Delphinen in Verbindung. Achtet daher auf diese Wesen, um zu erkennen, wie ihr euch entschieden habt. Wenn ihr innerhalb der nächsten zwei Jahre von ungewöhnlichen Aktivitäten in den Meeren hört, dass zum Beispiel ganze Schwärme von Delphinen sich in der Nähe großer Städte aufhalten, dann wisst ihr, dass ihr Liebe statt Angst gewählt habt. Doch wenn eure Wissenschaftler davon berichten, dass die Wale und Delphine ihre normalen Sammelplätze meiden und sich an entlegenere Orte zurückziehen, dann habt ihr euch anders entschieden. Das bedeutet nicht, dass alles hoffnungslos ist, nur dass die Angst zur allgemeinen Überzeugung geworden ist und die Liebe erst einmal in den Hintergrund

gedrängt wurde. Die Welt wird diese kollektive Entscheidung spiegeln. Wir brauchen das nicht weiter zu beschreiben.
Wir betonen noch einmal, dass eure Bereitschaft diesen Entscheidungspunkt herbeigeführt hat, und dass er ein Anlass zur Freude sein sollte. Wenn ihr nicht dafür bereit seid, bleibt ihr noch eine Weile in diesem »Zwischenzustand« der unklaren Entscheidungen, in dem ihr euch zurzeit befindet. Durch die Vollendung des Energienetzes werden eure Entscheidungen jedoch von nun an klarer sein. Es wird unmöglich sein, diese Dinge weiterhin unbeachtet zu lassen.

Das ist die Prophezeiung der *Kinder von Oz*. Es ist eine gute Nachricht.

Was ihr tun könnt, um diese Veränderung zu unterstützen? Heute werden mehr als 19.000 Menschen diese Nachricht lesen. Wir bitten euch, die ihr das lest, euch auf diesen Satz zu konzentrieren: »Ich bin ein Abgesandter der Liebe, hier und jetzt!« Sagt es so oft ihr könnt während des heutigen Tages und spürt die Tausenden von Menschen, die es mit euch tun. Wir Kinder wiederholen dies auch ständig. Es ist die Grundlage unserer Liebe.

Wir lieben euch,
Thomas

Dritte Botschaft

Eine Botschaft

Manche werden sagen, dass sie diese Botschaft schon kennen,
andere werden sagen, sie sei zu einfach,
oder gar unwahr.
Sie ist noch von niemandem vernommen worden.
Warum?
Weil sich alles verändert,
sobald man sie wirklich hört.
Die Welt und alles in ihr wird dann langsamer, bleibt fast stehen,
es bleibt nichts als die Wahrheit selbst.
Und du weißt, du bist diese Wahrheit.
Die Frage verschwindet.
Das ist die Gabe der neuen Kinder.
Die ganze Botschaft kann in wenigen Worten erfahren werden.
Worte, die durch alle Zeiten hallen,
Worte, die alle Kinder kennen,
auch bei euch zu Hause.
Kinder haben es immer gesagt,
doch nur wenige haben die Bedeutung verstanden.
Wer jetzt versteht,
und die darin enthaltene Welt umarmt,
wird sich an jenen heiligen Ort versetzt fühlen,
von dem aus wir zu euch sprechen.
Kein physischer Ort,
und doch so wirklich wie alles, was ihr je physisch erfahren habt.
Ein Ort, wo das Herz leben kann,
atmen kann,
wo es sich ausdehnen kann, bis es das ganze Universum umfasst.
Höre jetzt diese Worte,
und öffne dein Herz für die darin enthaltene Welt.

TU SO, ALS OB!

Was ging dir als Erstes durch den Kopf?
Ist das zu viel verlangt?
Ist das zu einfach, um dein Leben für immer zu verändern?
Das sind die Worte der Kinder,
die sie schon immer allen gesagt haben, die zuhören wollten.
Auch du hast sie schon gesagt,
aber du hast vergessen, was sie bedeuten.
Du hast vergessen, wie du das vorgeben kannst, was wahr ist!
Stattdessen hast du dich entschieden, etwas vorzugeben, was unwahr ist.
Und so habt ihr eine Welt erschaffen, die dieser Entscheidung entspricht.
Entscheidet euch neu!
Gib vor, du wärst erleuchtet.
Tu so, als liebte dich Gott.
Tu so, als wärest du, genauso wie du gerade bist, vollkommen.
Atme tief durch und GIB VOR, WAS WAHR IST.
Dann ergibt alles einen Sinn.

Schau dir einfach den Begriff an: »Vorgeben«.
Gib das, was zuvor war.
Vor was?
Vor dem Anbeginn der Zeit.
Dein ursprüngliches Selbst.
Gib vor, immer noch dein ursprüngliches Selbst zu sein,
gib vor, dass sich nie etwas verändert hat,
und wisse, dass das, was du vorgibst, eine Tatsache ist.
Es ist wahr.
Errichte dein Leben um diese Tatsache herum.
Gib alles, was du hast, um sie zu verwirklichen.
Nichts sonst ist wichtig.
Deswegen ist dies die Botschaft der *Kinder von Oz*.

Das Netz ist vollendet.
Tu so, als wärest du ein Teil davon,
dann wirst du es sein.
Es ist nichts als eine einfache Veränderung der Schwingung.
Wir erwarten dich,
denn es gibt noch so viel zu entdecken.

Die Reise hat gerade erst begonnen,
Und wir schreiten gemeinsam weiter fort.
Von hier aus ist der Himmel nur einen Atemzug weit weg.
Öffnet jetzt eure Augen,
und erinnert euch daran, wer ihr seid.

Wir lieben euch,
Thomas

März 2002

Eine weitere Übertragung von Thomas

Ihr sollt wissen, dass wir euch genauso erkennen, wie wir einander erkennen. Ihr werdet bald verstehen, was das bedeutet. Es ist euch bestimmt, zu erkennen, wer ihr seid, und dann zu sehen, wer neben euch steht. Es ist, als ob ihr die Augen öffnet. Ihr werdet erkennen, dass eure Freunde (und eure Feinde) euch viel näher stehen, als ihr dachtet. Die ganze Zeit waren sie direkt neben euch, atmeten dieselbe Luft, standen auf dem gleichen Boden. Auch uns Kinder werdet ihr dann erkennen, wie wir die ganze Zeit eure Hand gehalten haben. Jetzt, da ihr bereit seid zu sehen, können wir euch noch viel mehr helfen.

Die neuen Kinder möchten euch direkt Botschaften vermitteln. Warum? Damit ihr erkennt, dass die Antworten immer in euch selbst lagen, auch wenn ihr im Augenblick vielleicht etwas Hilfe braucht. Dazu sind wir hier. Ihr werdet diese Hilfe annehmen wollen, wenn ihr begreift, was auf dem Spiel steht. Wir sind hier, um euch zu helfen euch selbst zu helfen, damit ihr bei dem großen Werk dann an unserer Seite stehen könnt. Ihr seid jetzt bereit, es zu tun, ihr braucht es nur zu erkennen.
Viele von euch haben angefangen, unsere Botschaften zu empfangen, besonders in euren Träumen. Andere haben vielleicht ein Flüstern vernommen und sich gewundert, wo es herkam. Bald werdet ihr alle dieses Flüstern hören und wissen, dass wir es sind, die neuen Kinder. Wir versuchen, euch für den großen Sprung vorzubereiten, doch mehr davon später. Bald müssen wir über diese Dinge nicht mehr reden, denn ihr werdet alles wissen.

Es gibt drei Dinge, die jeder von euch tun kann, um zu hören, wie eines der Kinder, nämlich das Kind, das ihm oder ihr zur Seite steht, zu seiner Seele spricht.

1. Wisset: Wir wollen nicht, dass ihr darauf hofft, dass wir mit euch kommunizieren werden, sondern dass ihr wisst, dass wir es tun werden. Euer Wissen lässt es geschehen, denn es kann

eure Seelen aktivieren. Wenn ihr nur darauf hofft, dann haltet ihr euch noch zurück. Vielleicht hofft ihr sogar, dass wir es nicht tun werden, weil noch irgendwo tief in euch eine Angst sitzt. Wisset, dass wir hier sind und dass wir euch helfen wollen. Dann werden wir es auch tun.

2. Beobachtet: Wir werden vielleicht auf unerwartete Weise zu euch sprechen, seid also bereit. Vielleicht erscheint euch ein bestimmtes Kind im Traum, ein Kind, dessen Aufgabe es ist, euch etwas über euch selbst beizubringen. Möglicherweise hört ihr aber auch etwas, während ihr gerade die Straße entlang geht oder in irgendeiner anderen Situation. Wenn ihr wisst, dass wir da sind, werden wir auch einen Weg finden, zu euch durchzudringen, seid also aufmerksam.
3. Führt: Ihr denkt vielleicht, wir wollen, dass ihr uns folgt. Wir möchten, dass ihr uns in euer Leben führt, in euer ganz privates Leben. Nur so können wir helfen und so können wir auch zusammenarbeiten.

Wir erwarten euch. Öffnet eure Augen und erkennt die Heiligkeit, in der ihr bereits lebt. Ihr seid erleuchtete Wesen, und ihr verdient alles. Danke, dass ihr offen dafür seid, alles zu empfangen.

Wir lieben euch,
Thomas

April 2002

J. Twyman zur nächsten Botschaft

Vor etwa zwei Wochen hatte ich versprochen, die Fortsetzung meiner Unterhaltungen mit Thomas herumzuschicken. Ich brauchte eine Weile, um diese Botschaft zu verstehen, doch dann wurde mir klar, dass es vielleicht die bisher Wichtigste ist. Ich will versuchen, mich kurz zu fassen, aber es bedarf einiger Erläuterungen, damit die Botschaft im Zusammenhang mit den anderen einen Sinn ergibt.

Ich war immer der Meinung, dass ein guter Lehrer seine Weisheit durch seine eigenen Schwierigkeiten und Irrtümer zum Ausdruck bringen sollte. Für meine Erfahrungen mit der vierten Botschaft trifft das mehr denn je zu.

Vor zwei Wochen lag ich wieder in der Badewanne (wo auch sonst!), als ich Thomas' Energie spürte und eine Botschaft empfing. Sie bestand nur aus wenigen Worten und ich ging davon aus, dass sie sich noch weiter entwickeln würde. Ich wartete mehrere Tage lang, doch es ging nicht über die erste Zeile hinaus. Immer wieder ging ich baden, doch es kam nichts mehr. Die Energie war weg.

Inzwischen brummte es um mich herum vor Aktivität. Wir waren dabei, die Studiengruppen zu organisieren und die Anmeldungen durchzuarbeiten. Dann tauchte die Idee auf, ein kleines Büchlein mit den Botschaften der medialen Kinder an die Welt herauszugeben. Es waren alles gute Projekte, aber jetzt weiß ich, dass etwas fehlte. Es ist so leicht, sich von den Anforderungen der Welt ablenken zu lassen, vor allem, wenn wir das Gefühl haben, unseren Lieben eine gewisse Sicherheit und Stabilität bieten zu müssen. Seit ich angefangen habe, die Thomas-Botschaften in die Welt hinauszuschicken, musste ich gut darauf achten, dass unsere finanzielle Situation stabil genug blieb, diese Arbeit fortzusetzen. Es galt Gehälter zu zahlen, Web-Sites in Ordnung zu halten, und ich fühlte mich für alles verantwortlich. Und mitten

in all der Geschäftigkeit fragte ich mich, warum ich über die erste Zeile von Thomas' vierter Botschaft nicht hinauskam. Alle Energie schien ausgebremst.
Jetzt will ich Ihnen von dieser ersten Zeile erzählen. Sie erinnern sich an die dritte Botschaft, wo Thomas über die Kraft sprach, die darin liegt, so zu tun, als sei man bereits erleuchtet. Er erklärte die Bedeutung der beiden Teile des englischen Begriffs »Pretend« (dt.: vorgeben, so tun, als ob): »Pre« heißt vor und »tend« bedeutet auf etwas achten, für etwas sorgen, aufpassen. Damals hatte er gesagt, dass wir die Botschaft verwirklichen können, indem wir diesen Begriff wörtlich nehmen, also »auf das achten, was wir zuvor waren« oder eben »vorzugeben, was wir zuvor waren«. Wir alle haben die tiefe Weisheit dieser Aufforderung gespürt. Doch Thomas sagte, dies sei nur eine der möglichen Interpretationen. Man kann es auch anders betrachten, und davon handelte die vierte Botschaft. Die Worte, die ich erhielt, lauteten:

VORHER HAST DU DARAUF GEACHTET.

Ich wartete auf eine Erklärung, doch es kam nichts und ich musste mich um tausend Sachen kümmern, um alles am Laufen zu halten. Der Kurs sollte anfangen, meine Musik veränderte sich und das Büchlein musste fertiggestellt werden. Es lief jedoch nicht so glatt, wie ich erhofft hatte. Wir hatten seit drei Wochen Probleme mit AOL und sie schlossen versehentlich unser Konto. Es meldeten sich weniger Leute als erwartet für den Kurs an, und ich begann mich zu fragen, ob hier etwas schief lief. Währenddessen lief mir ständig diese eine Zeile durch den Kopf: »Vorher hast du darauf geachtet.« Was sollte das bedeuten und wann würde ich den Rest erhalten?

Heute begriff ich dann endlich. Als ich anfing, die Thomas-Botschaften herauszugeben, machte ich mir keine Gedanken darum, wie sie bei den Leuten ankommen würden. Das einzig Wichtige war, die Botschaft zu veröffentlichen und so vielen Menschen wie möglich zukommen zu lassen. Doch dann veränderte sich alles. Wir mussten uns organisieren, um die Reichweite unseres Netzwerkes zu vergrößern. Es wurde wichtiger, die Botschaften zu verwenden, als sich von ihnen verwenden zu lassen. Auch wenn unsere Projekte noch so bedeutsam waren: Ich hatte die Energie aus den Augen verloren, die ihren Wert ausmachte. Damit begann sich auch die Energie unseres Wirkens zu verändern und ich wunderte mich, warum!

Ich achtete auf unwichtige Dinge und missachtete die wichtigen. Vorher war die Energie so stark gewesen und Zehntausende von Menschen hatten sich angesprochen gefühlt. Doch als sich meine Aufmerksamkeit veränderte und ich unbewusst versuchte, die Energie zu kontrollieren, fing alles an zu bröckeln. Gott sei Dank erkannte ich es und bedurfte dann auch keiner weiteren Erklärungen zur vierten Botschaft. Diese eine Zeile reichte, um mich aufzuwecken, mich und uns alle. Es ist Zeit, die Konzentration auf das Ego hinter uns zu lassen und die Wahrheit anzunehmen: Wir sind bereits Abgesandte der Liebe! Das hatte ich doch glatt einen Augenblick lang vergessen, so wie wir alle es immer mal vergessen – nur um es dann umso deutlicher zu erkennen.

Das Ego konzentriert sich ganz auf eine Sache und vergisst alles andere. Der göttliche Geist segnet alles gleichzeitig und bleibt für das ganze Universum offen. Das versuchen die neuen Kinder uns beizubringen.

Damit mich keiner missversteht: Ich bin immer noch von dem Kurs und dem Büchlein begeistert und möchte so viele Menschen wie möglich daran teilhaben lassen. Es ist mir nur nicht mehr wichtig, wie viele das sein werden, denn es geht hier nicht um Zahlen, sondern um das Wesentliche. Das Wesentliche dieses ganzen Projektes ist stark und darauf wollen wir uns jetzt konzentrieren. Einerseits hoffe ich, dass viele Menschen das Büchlein erhalten, weil ich die Botschaft verbreiten will, und ich hoffe, dass viele Menschen an dem Kurs teilnehmen werden, um die Botschaft zu vertiefen. Andererseits ist es mir egal, ob Sie daran teilnehmen oder nicht, denn ich weiß, dass Sie, so wie Sie sind, bereits vollkommen sind. Das ist Freiheit und ich bin unendlich dankbar dafür.
Also achten Sie auf das Wesentliche und gehen Sie mit dem Fluss. Alles ist für Sie bereit. Der Suchende ist derjenige, den Sie suchen.

Juli 2002

Wale und Delphine

Vor einigen Tagen erhielt ich eine E-Mail von einem Freund, der mich auf eine Anfrage unserer Regierung aufmerksam machte. Die US-Regierung möchte ein niederfrequentes Abwehrsystem (LFA) gegen U-Boot-Angriffe installieren, das eine verheerende Wirkung auf die Wale und Delphine haben wird. Es erzeugt unter Wasser Schallwellen, die in ihrer Stärke einem Raketenabschuss vergleichbar sind, aber in niedrigen Frequenzen. Diese zerstören das Trommelfell der Meeressäuger, so dass sie orientierungslos sterben oder stranden.
Die Nachricht berührte mich, ohne dass ich irgendwie aktiv wurde. Doch dann spürte ich die Gegenwart eines Kindes mit einer noch nie da gewesenen Ernsthaftigkeit. In diesem Augenblick hatte ich das Gefühl, dass ein neuer Abschnitt unserer gemeinsamen Reise vor uns liegt, einer Reise, auf die wir alle vorbereitet sind.
Werden wir aufstehen und etwas tun? Werden wir uns diese Warnung zu Herzen nehmen und die Rolle akzeptieren, die jeder von uns übernommen hat, um eine Welt nach den Regeln des Friedens aufzubauen statt nach den Regeln des Krieges? Zehntausende hören bereits die Botschaft der Kinder, aber wir brauchen Millionen.
Thomas übermittelte mir drei neue Botschaften, nachdem ich von dem niederfrequenten Sonarsystem gehört hatte.

Erster Teil

Begreift ihr langsam? SPÜRT ihr, welche Chance vor euch liegt? Ich sage: Spüren statt verstehen, weil ihr es unmöglich verstehen könnt. Warum? Weil es nichts zu verstehen gibt, zumindest nicht für den Verstand. Euer Herz WEISS und zu dieser Weisheit müsst ihr Zugang finden. Ihr könnt weder dieses noch irgendein anderes Problem nur mit eurem Verstand lösen, weil er nie das wahre Problem erkennt. Das Problem liegt nicht im Meer oder in der

Luft oder im Boden. Es liegt in euch. Und genau da liegt auch die Lösung. Ihr könnt zu der Lösung WERDEN, wenn ihr wollt. Das ist die einzige Botschaft, um derentwillen die neuen Kinder hier sind. Ich habe schon einmal gesagt, dass euer höheres Bewusstsein direkt mit den Walen und Delphinen verbunden ist. Ich habe euch sogar gesagt, dass ihr an diesen Wesen erkennen könnt, welchen Weg die Menschheit gewählt hat, den Weg des Friedens oder den des Krieges. Wir haben allerdings nicht damit gerechnet, dass der Entscheidungspunkt so schnell kommen würde. Die von der Wahrheit ablenkende Energie ist eskaliert und ihr fangt an, euch durch eure Meeresbrüder und -schwestern selbst umzubringen. Warum macht eure Technologie die Wale und Delphine taub? Weil ihr intuitiv wisst, dass sie ein Schlüssel zu eurem Überleben sind – und ihr wollt nichts davon HÖREN. So einfach ist das. Indem ihr ihre Ohren zerstört, zerstört ihr eure eigenen. Die Folgen könnten schrecklich sein.
Warum tut ihr das? Weil ihr noch nicht begreift, wie nahe ihr der Wahrheit seid. Und selbst wenn ihr es wüsstet, würde der ängstliche Teil von euch alles tun, um die Wirklichkeit zu verleugnen, in die ihr euch in einem Augenblick versetzen könntet. Es ist Zeit, euch zu entscheiden. Werdet ihr von ganzem Herzen akzeptieren, dass euch alles zur Verfügung steht, was ihr braucht, um dieses und auch alle anderen Probleme zu lösen?

Oder wollt ihr euch Watte in die Ohren stopfen, die Meerestiere umbringen, die euch retten könnten und in der Dunkelheit eures verängstigten Verstandes bleiben?
Ihr lest dies, weil ihr bereit seid, den Frieden zu wählen. In den nächsten beiden Botschaften werden wir euch sagen, wie ihr das genau machen könnt, und wir werden euch bitten, die Welt zu retten. Glaubt bloß nicht, dass es um weniger als das geht. Es steht mehr auf dem Spiel, als ihr mit eurem Verstand begreifen könnt, deswegen rufen wir euch auf, wieder zu eurem Herzen zurückzukehren. Dies ist der Augenblick, auf den ihr gewartet habt. Eure Antwort zählt.

Wir lieben euch,
Thomas

Zweiter Teil

Das Universum lebt und atmet. Wenn ihr ganz still seid, könnt ihr diese Bewegung wahrnehmen. Es atmet ein und aus, und in der Mitte, zwischen den Atemzügen, seid ihr.

Drei Begriffe müsst ihr verstehen: Absteigen, Vorgeben und Aufsteigen. Wie eine Welle, die steigt und fällt. Zuerst steigt die Energie Gottes auf die Erde herab; dann gibt sie vor, zu sein, was immer sie will; dann steigt sie wieder auf zu ihrer Quelle. Du bist, was Gott gerade in dir zu sein vorgibt. Versteht ihr, was das bedeutet? Wir haben diesen Begriff des »Vorgebens« oder »So tun, als ob« schon früher verwendet. Jetzt wollen wir diesen Gedanken zu Ende führen. Wenn ihr den Zyklus Gottes erst einmal verstanden habt, begreift ihr auch eure Rolle in diesem Zyklus. Wenn ihr eure Rolle in diesem Zyklus begriffen habt, ist die Welt geheilt.

An dieser Stelle hielt ich beim Schreiben inne und las das Ganze noch einmal. Das klang einfach zu esoterisch, falls es überhaupt einen Sinn ergab. Ich war mir dessen nicht sicher. So etwas konnte ich doch nicht an Zehntausende von Leuten schicken. Aber ich wollte nicht aufgeben und tat deswegen etwas, was ich noch nie vorher getan hatte: Ich wollte versuchen, mit Thomas ein Gespräch zu führen und es einfach so aufschreiben, wie es sich ergab. Das Ergebnis können Sie hier lesen und ich muss zugeben, ich verstehe immer noch nicht ganz, worauf es hinausläuft. Vielleicht wird es durch die dritte Botschaft verständlicher werden, wer weiß. Ich verstehe nur, dass etwas Tiefgreifendes mit uns geschieht.

James:
Hast du etwas dagegen, wenn wir uns ein wenig unterhalten? Ich glaube, dass die Leute dann besser verstehen können, was du vermitteln möchtest. Bis jetzt habe ich noch nicht kapiert, was du sagen willst, und wenn ich es nicht verstehe, begreift es auch sonst niemand.

Thomas:
Es ist mir recht. Was verstehst du nicht?

James:
Du sprichst vom Atem Gottes und den drei Begriffen, die diese Bewegung beschreiben. Ich verstehe noch nicht, was das mit der Botschaft der Kinder zu tun hat oder mit dem, was gerade in der Welt geschieht, besonders mit den Walen und Delphinen.

Thomas:
Wir versuchen, euch begreiflich zu machen, wo ihr in diesem Zyklus steht, oder besser: stehen könntet. Wenn du zu diesem Mittelpunkt wirst, an dem Gott vorgibt, du zu sein, dann kannst du die ganze Sache umdrehen und vorgeben, Gott zu sein. Das ist der Trick. Verstehst du? Gott, der so tut, als wäre er du, ist das Gleiche wie du, wenn du so tust, als wärest du Gott. Wie wir schon so oft gesagt haben: Wenn du etwas zu sein vorgibst, was wahr ist, dann wirst du zu dieser Wahrheit.
Ihr seid hier, um eure Einheit mit Gott zu erkennen, stimmt's? Aber ihr habt euch noch nicht so weit vorgetraut, weil ihr euch für unwert haltet. Deswegen tut ihr unbewusst alles Mögliche, um diesen Prozess aufzuhalten, um nicht zu Gott zurückzukehren. Ihr erlaubt euch, abzusteigen, doch wenn ihr vorgebt, weniger zu sein, als ihr seid, steigt ihr nicht wieder auf zu Gott.

James:
Ich glaube, ich fange an, es zu begreifen, aber ich finde es ganz schön schwierig.

Thomas:
Und das ist genau das Problem. Ihr glaubt, dass ein Problem gelöst ist, wenn euer Verstand es begriffen hat. Dieses hier könnt ihr aber nicht mit eurem Verstand begreifen, denn ich zeige euch nur ein Symbol der Lösung. Weiter reichen Worte und Konzepte nicht. Doch wenn ihr auch nur zu einem winzigen Teil der Wahrheit, die ich beschreibe, in Beziehung treten könnt, dann wird die Energie dieser Wahrheit euch den Rest enthüllen. Das wird dann von ganz alleine geschehen, so ist es ohnehin am besten. Halte dich einfach an diese drei Begriffe: Absteigen, Vorgeben und Aufstei-

gen. Geh nach innen und schau, wo sie dich hinführen. Gottes Licht steigt hinab in die Form, gibt vor, alles Mögliche zu sein und steigt dann wieder auf, zurück in den Himmel.
Dann geht die ganze Sache natürlich wieder von vorne los, wie dein eigener Atem hinein- und hinausfließt.
James:
Was sollen wir denn tun?

Thomas:
Fangt an, Wahres vorzugeben statt Unwahres, dann ist euer Aufstieg garantiert. Dann vollendet sich der Atem Gottes IN EUCH.

James:
In uns?

Thomas:
Darum geht es doch, oder? Du bist derjenige, der sich entscheiden muss, sich an Gott zu erinnern. Wenn du das tust, dann erinnert sich Gott auch an dich. Das ist nämlich alles das Gleiche.

Ich will dich etwas fragen: Warum glaubst du, ist es leichter für dich, diese Botschaften zu empfangen, wenn du im warmen Wasser liegst?

James:
Keine Ahnung.

Thomas:
Es hat mit dem zu tun, was mit den Walen und Delphinen passiert und warum ihr eure Meere und Wasservorräte zerstört.

James:
Ich nehme an, es hängt mit der Tatsache zusammen, dass Wasser Klang und Energie viel besser leitet als Luft.

Thomas:
Und was hat das mit unserem Thema zu tun?

James:
Weiß ich nicht genau.

Thomas:
Pass gut auf, denn das ist wichtig. Die meisten von euch fürchten sich vor den Botschaften, die der Menschheit derzeit angeboten werden, und tun, was sie können, um sie zu leugnen oder zu zerstören. Ihr wisst ja schon, dass ihr bereit seid, in eine neue Welt der Liebe und des Mitgefühls einzutreten. Es ist so, als ob ihr diese neue Welt gebären würdet, und diese Geburt findet im Wasser statt. Jede Geburt braucht Helfer oder zumindest Zeugen. Das kann, wie in diesem Fall, auch eine andere Art sein. Doch weil die meisten von euch sich davor fürchten, tut ihr, was ihr könnt, um es zu vermeiden.

James:
Willst du sagen, dass die Wale und Delphine die Hebammen dieser Geburt einer neuen Welt sind?

Thomas:
Warum erstaunt dich das? Ihre Rolle ist die der stillen Zeugen des größten Erwachens seit Anbeginn der Welt. Der Aufstieg hat begonnen und sie sind hier, um euch zur Seite zu stehen. Jetzt verstehst du vielleicht, warum ihr versucht, sie umzubringen.

James:
Das klingt unglaublich.

Thomas:
Ist es aber nicht. Unterschätze nicht, zu was ein verängstigter Verstand alles bereit ist, um nicht aufwachen zu müssen. Jetzt kennt ihr die Wahrheit. Jetzt wisst ihr, was zu tun ist, um den Atem Gottes zu vollenden. Wenn ihr in die nächste Phase aufsteigen wollt, dann müsst ihr diese Wesen als eure Zeugen anerkennen. Ich kann euch das nicht vermitteln, das müsst ihr schon in euch selbst entdecken. Der dritte Teil dieser Botschaft handelt davon, wie ihr zur Lösung werden und damit die Welt retten könnt.

Dritter Teil

Thomas:
Vielleicht wäre es hilfreich, wenn ihr einen greifbaren Beweis dafür hättet, dass wir Kinder mit euch allen zusammenarbeiten.

James:
Ein greifbarer Beweis? Das wäre wunderbar. Ich glaube, das würde den Menschen sehr helfen, diese Botschaften zu glauben und dann anzuwenden.

Thomas:
Was für eine Art von Beweis würdest du für passend halten?

James:
Keine Ahnung. Was meinst du?

Thomas:
Zunächst einmal hätte es keinen Wert, die Realität dieser Unterhaltung zu beweisen, wenn die Menschen nicht bereit wären, dann auch dementsprechend zu handeln. Ihr könnt glauben, dass wir Kinder hier sind, um euch zur Seite zu stehen, aber es nützt erst etwas, wenn ihr zu einem Teil der Lösung werdet.

James:
Wie können wir zu einem Teil der Lösung werden?

Thomas:
Das habe ich doch schon in vielfacher Form gesagt. Das Problem liegt nicht im Meer, oder in der Luft oder in der Erde, es liegt in jedem von euch. Jedem Einzelnen von euch. Es liegt in den Entscheidungen, die ihr für euch fällt und mit denen ihr Entscheidungen für die ganze Welt trefft. Ich habe auch gesagt, dass ihr anfangen müsst, das Wahre vorzugeben und nicht das Unwahre. Das Unwahre habt ihr schon so lange vorgegeben und es hat offensichtlich nicht funktioniert.

James:
Wie haben wir das Unwahre vorgegeben?

Thomas:
Ihr tut so, als wäret ihr schwach, ihr tut so, als wäret ihr verletzlich und ihr gebt vor, weniger zu sein als Gottes Schöpfung. Und weil ihr dieses »Tun, als ob« sehr gut gemacht habt, erscheint es euch als wahr. Jetzt schlagen wir euch allerdings vor, das Wahre vorzugeben, nämlich dass ihr stark seid, unverletzbar und vollkommen. Wenn ihr das tätet, dann würden eure Probleme verschwinden. Dann würdet ihr nicht so bereitwillig eure Wale und Delphine opfern, nur um euch vor der Wahrheit zu verstecken.

James:
Was könnt ihr uns anbieten, um das zu beweisen?

Thomas:
Ich habe darüber nachgedacht und ich glaube, ich habe eine Antwort gefunden. Ich habe dir ja schon erklärt, warum ich leichter mit dir Kontakt aufnehmen kann, wenn du im Wasser bist. Das gilt auch für jeden anderen, der es zulässt. Zehntausende von Menschen werden dies per E-Mail erhalten und lesen. Ist dir klar, dass es für diese Anzahl von Menschen ein Leichtes wäre, das Bewusstsein dieses Planeten zu wandeln, wenn sie gleichzeitig zusammenwirken würden? Was würde wohl geschehen, wenn ich alle, die dies lesen, zu einer einfachen Übung einladen würde, die innerhalb von drei Tagen greifbar beweisen würde, dass all dies hier wahr ist? Glaubst du, sie würden zuhören und mitmachen?

James:
Das kommt darauf an, was sie tun sollen, aber ich halte es für möglich.

Thomas:
Es wird so einfach und angenehm sein, dass bestimmt alle mitmachen wollen. Und jeder, der mitmacht, kann dann in seinem eigenen Leben eine Veränderung erkennen. Vielleicht keine großartige Veränderung, aber doch deutlich genug für alle, die richtig hinschauen.

Ich schlage Folgendes vor: Nehmt euch in den nächsten drei Tagen etwas Zeit, um in Ruhe in der Badewanne zu liegen und euer Herz für uns Kinder zu öffnen. Wasser ist, wie gesagt, ein hervorragender Leiter für Energie, fast sogar ein Verstärker. Tut dies drei Tage lang, denn nicht alle werden diese E-Mail am gleichen Tag erhalten. Wenn ihr es drei Tage hintereinander tut, dann wird es mit Sicherheit einen Tag geben, an dem ausreichend Energie für eine Veränderung erzeugt wird.
Als Erstes solltet ihr aufmerksam sein für irgendwelche Botschaften, die ihr von den medialen Kindern empfangt. Wenn ihr eure eigenen Gedanken beiseite lasst, dann hört ihr vielleicht eine leise Stimme, die euch ein tieferes Verständnis eurer Liebe und eurer Rolle in der Welt vermittelt. Vielleicht taucht auch einfach ein sanftes Gefühl auf, das euch bis dahin unbekannt war. Wir Kinder möchten mit euch allen kommunizieren, weil es uns hilft, unsere eigene Rolle zu spielen.
Wenn ihr euch entspannt habt und euer Herz und euer Geist für uns Kinder offen ist, stellt euch die neue Welt vor, von der wir gesprochen haben. Stellt euch vor, wie sich der Frieden in eurem eigenen Leben und in der Welt zeigen wird. Konzentriert euch mindestens zehn Minuten lang darauf und seid euch dabei bewusst, dass Tausende von Menschen genau das Gleiche tun. Bereitet euch auf die Aktivierung vor, und wenn ihr das Gefühl habt, dass die Energie ihren Höhepunkt erreicht hat, sprecht folgende Worte: »Ich beanspruche diese Welt JETZT für mich und für alle Wesen überall!« Ihr könnt das auch mehrfach sagen.
Dann entspannt euch und lebt einfach euer Leben. Achtet jedoch auf Veränderungen in eurem Leben und in der Welt. Vielleicht wird es in irgendeinem Bereich des Unfriedens einen Durchbruch geben, vielleicht geschieht etwas in eurem Leben, womit ihr nicht gerechnet habt, ein Wunder oder eine Heilung. Es wird geschehen, wenn ihr es zulasst. Dann werdet ihr erkennen, dass wir bei euch sind und euch bei allem helfen.

James:
Und dann?

Thomas:
Dann wird aus eurem Glauben Gewissheit. Viele von euch glau-

ben, dass diese Dinge geschehen, doch wenn ihr einen Beweis erfahrt, dann werdet ihr wissen, dann werdet ihr euch sicher sein. Gewissheit ist eine starke Energie, mit ihrer Hilfe können alle dann direkt mit den Kindern zusammenarbeiten.

James:
Du hast gesagt, dass ihr uns drei Botschaften geben werdet, doch es scheint noch so viel zu lernen zu geben.

Thomas:
Wenn nötig wird es auch mehr Botschaften geben. Die nächste wird kommen, wenn die drei Tage vorüber sind, wenn alle selbst erlebt haben, was geschieht. Viele halten diese Dinge für Einbildung. Es braucht Mut, dies alles zu glauben und dann auch zu leben. Ich sage euch, wir sind bei euch und wir bringen euch zusammen, damit die Welt aufwachen kann. Es liegt an euch, euer Herz dafür zu öffnen und es in eurem Leben willkommen zu heißen.

Drei Tage später, August 2002

Vierter Teil

Thomas:
In den letzten paar Tagen öffneten sich Tausende von Menschen in aller Welt für die Vision einer neuen Welt. Es hatte eine starke Wirkung. Wir haben uns immer nach dieser Welt gesehnt, doch bis jetzt war die Menschheit nicht in der Lage, sie zu manifestieren. Wir haben Krieg statt Frieden gewählt und Hass statt Liebe. Kein Wunder, dass die Welt heutzutage so aussieht. Kein Wunder, dass die meisten Menschen alles tun, was sie können, um die Möglichkeit eines Friedens für alles Leben auf der Erde zu vermeiden. Doch der Wind hat sich gedreht, durch alle von euch, die gebetet haben.
In den letzten paar Tagen sind zwei bemerkenswerte, ganz unterschiedliche Dinge geschehen. Das eine gibt Anlass zur Hoffnung, das andere zeigt uns die schrecklichen Konsequenzen unseres bisherigen Handelns. Wenn wir diese Ereignisse richtig verstan-

den haben, bedeuten sie eine NEUE ENTSCHEIDUNGSMÖGLICHKEIT. Wenn wir uns für den Frieden unter allen Lebewesen, nicht nur den Menschen, entscheiden, ist das eine Ereignis ein Vorgeschmack der neuen Welt. Wenn wir uns jedoch weiterhin für Konflikte entscheiden, ist das andere Ereignis eine weitere Station auf unserer Reise in die globale Katastrophe.
Wir haben ja schon darauf hingewiesen, wie stark das Schicksal der Menschheit mit den Walen und Delphinen verbunden ist. Wir Menschen haben ihnen schweren Schaden zugefügt, besonders mit diesen neuen militärischen Abwehrmechanismen, und damit haben wir uns einen Weg zu einer Welt des Friedens versperrt. Wir sind jedoch in der Lage, dies zu ändern, nicht politisch, sondern durch unser Bewusstsein. Wir Kinder haben euch gebeten, mit uns und dem Energienetz zusammenzuarbeiten, damit wir diese Bewegung umkehren. Es scheint zu klappen, aber nicht so, wie wir es erwartet haben.

Der erste Bericht kommt aus Australien, aus Sidney. Vor einigen Tagen schwamm eine Gruppe Wale in den Hafen von Sidney und spielte dort stundenlang zur großen Freude der schaulustigen Menge. Es war ein unglaubliches Ereignis, über das weltweit berichtet wurde. Der andere Bericht kommt von Cape Cod in den USA. Dort strandeten in diesen Tagen ungefähr genauso viele Wale, und die meisten starben. Diese beiden ganz unterschiedlichen Berichte enthalten eine Botschaft:

Es ist noch nicht zu spät! Das Universum zeigt uns, dass wir uns entscheiden können!

Diese beiden Ereignisse an entgegengesetzten Enden der Welt weisen die Menschheit auf eine einzigartige Chance hin. Wir stehen an einem »Entscheidungspunkt«, das heißt, zwei Welten existieren nebeneinander, und unsere Gefühle bestimmen, welche sich durchsetzen wird. Die Wissenschaftler sprechen schon seit Jahren von diesen Entscheidungspunkten, doch in diesem Ausmaß sind sie selten. Unsere Entscheidung wird unglaublich weitreichende Folgen haben. Sie lassen sich nicht in Worte fassen, doch unsere Entscheidung bestimmt unseren Weg ins Licht. Er kann schwierig oder friedvoll sein, es liegt an euch. Die Arbeit der

Kinder unterstützt einen friedvollen Wandel, doch letztendlich wird es auf dasselbe hinauslaufen. Es braucht sich also niemand zu fürchten, doch es ist sinnvoll, vorsichtig zu sein.
Welches dieser beiden Ereignisse wird mehr ins Gewicht fallen? Es liegt an euch. Die eine Gruppe von Walen gab ihr Leben, um uns auf die Konsequenzen unseres Handelns hinzuweisen. Soll es umsonst gewesen sein? Die andere Gruppe ging einen Schritt auf die Menschheit zu und zeigte uns, was möglich ist, wenn wir uns für den Frieden entscheiden. Erinnert ihr euch daran, was wir Kinder euch über das Verhalten der Wale und Delphine als ein Zeichen für die Art eurer Entscheidung sagten? Wenn ihr jetzt den Frieden wählt und euren Geist in diese Wirklichkeit fließen lasst, dann werden sich die politischen Systeme dem anpassen. Der Erfolg ist auf jeden Fall sicher, denn die Wahrheit lässt sich nicht ewig leugnen.

Der Schlüssel liegt in euren Gefühlen. Mit ihrer Hilfe könnt ihr die von euch gewählte Welt in euren bewussten Erfahrungsbereich ziehen. Eure kollektiven Emotionen beeinflussen das Wetter und können sogar Kriege beenden. Ihr habt das schon oft getan, ohne euch dessen bewusst zu sein. Wenn ihr die von euch ersehnte Welt immer mehr bestätigt, indem ihr diese Welt in euch FÜHLT, dann wird sie werden. Doch wenn ihr euch weiterhin von den Ängsten der heutigen Zeit beeinflussen lasst, dann wird sich auch das in eurer Welt widerspiegeln.

Wir Kinder bitten euch, Liebe statt Angst zu wählen. Dann können auch die Wale und Delphine die ihnen zugewiesene Rolle spielen und uns die, in ihren Zellen gespeicherte Information zukommen lassen. Nützt eure Liebe, um die Wirklichkeit herbeizuholen, die ihr wirklich wollt.

Wir lieben euch,
Thomas

Andere Kinder melden sich zu Wort

Doug

April 2002, ein zehnjähriger Junge namens Doug schrieb:
Ich hoffe, dass die Menschen jetzt ihre Herzen öffnen werden.
Wir brauchen es so sehr.
Wenn wir einander einfach tief in die Augen schauen könnten,
dann wüssten wir, dass wir alle gleich sind.
Wir könnten uns in jeden verlieben.
Ich verliebe mich in mich selbst,
wenn ich andere liebe.
Ich liebe alle so sehr,
denn so finde ich mich selbst.
Es ist gar nicht schwierig.
Wir tun so, als wäre es schwierig, weil wir uns fürchten.
Wir brauchen uns nicht mehr zu fürchten:
Die Liebe ist jetzt hier!

Koya

Dezember 2002
Auf meiner Tour durch Japan habe ich einen bemerkenswerten vierjährigen Jungen namens Koya kennengelernt, der seine Botschaft der ganzen Welt mitteilen möchte. Koya wurde gelähmt geboren und kann nur mit Hilfe einer Buchstabentafel kommunizieren. Ich bin ihm zuerst nach einer Friedensveranstaltung in Hiroshima begegnet und war von seiner schlichten Weisheit sofort beeindruckt.
Koyas Mutter nahm mit Hilfe eines Übersetzers mit mir Kontakt auf, um mir zu sagen, dass Koya etwas mitzuteilen habe, was ihm dringend am Herzen liege. Sie schlug vor, dass ich ihm ein paar Fragen zuschicken sollte, um ihm zu helfen, seine Gedanken zu ordnen. Hier sind seine Antworten:

JAMES:
Was kannst du den Menschen darüber sagen, wie sie Frieden schaffen können?

KOYA:
Wir sollten fröhliche Dinge tun. Vor ein paar Tagen fragte ich mich gerade, was eigentlich Frieden sei. Ich erkannte, dass wir nichts tun sollten, was nicht freudig getan werden kann. Wenn wir unsere Zeit mit Dingen verbringen, die Spaß machen, so wird sich daraus eine fröhliche Welt entwickeln. Ich wünschte, jeder könnte so sein, aber das ist schwierig. Also müssen wir Kinder diese Botschaft vermitteln.
Weißt du, die Welt ist schon Eins. Ich verspreche dir, dass wir die Liebe in der Welt verbreiten werden. Alle Länder sind sich doch eigentlich gleich, also können wir uns auch bei den Händen nehmen und unsere Liebe verbreiten! Weinen macht eigentlich keine Freude, aber ich werde doch sehr weinen, wenn sich die Botschaft der Liebe verbreitet und unsere Liebe Eins wird.

JAMES:
Andere Kinder haben mir gesagt, dass es sehr wichtig für uns sei, so zu tun, als wären wir bereits Abgesandte der Liebe. Was meinst du dazu?

KOYA:
Ich stimme dem zu. Kinder sind schlau, weißt du. Ich meine, jeder von uns ist Liebe. Alles ist Liebe! Und wenn ihr fröhlich seid, dann holt ihr immer mehr wunderbare Liebe in euer Leben.
Selbst wenn ihr kein Geld oder kein Zuhause habt, seid ihr doch sicher, solange ihr Liebe habt. Denn die Liebe verlässt uns nie. Unsere Liebe wird euch helfen, eines Tages zu erkennen, dass jeder Einzelne von euch ein Abgesandter der Liebe ist.

JAMES:
Welche Rolle spielen die Kinder dabei?

KOYA:
Wenn wir die Liebe verbreiten, haben wir auch Frieden. Alle Kinder wünschen sich Frieden, doch die neuen Kinder, die jetzt

zur Welt kommen, nehmen das mit der Liebe richtig ernst. Wir Kinder bringen unsere Liebe offener zum Ausdruck als Erwachsene, es ist also eigentlich keine Rolle, die wir spielen, sondern unser natürlicher Zustand. Wir betrachten es nicht als eine Rolle, deswegen fällt es uns leichter, die Liebe zu verbreiten.

Keine Sorge, wir werden die Botschaft der Liebe auf jeden Fall verbreiten. Jeder von uns trägt Liebe im Herzen, und wenn wir sie ausbreiten können, kann daraus eine wundervolle neue Liebe entstehen. Diese Liebe hat bereits begonnen und es wird in Zukunft immer mehr und mehr davon geben. Fröhliche Tage erwarten uns.

Auszüge aus dem »Emissary of Love« Internetkurs von James Twyman

Ein Gebet

Geliebte Einheit, wir sind hier, um die Augen zu öffnen.
Wir sind hier, um sehen zu lernen.
Die Wahrheit ist uns immer treu geblieben,
auch als wir in unseren Träumen eine unmögliche Welt erschufen,
in der Hass und Krieg zu herrschen scheinen.

Wir sind jetzt bereit für eine neue Welt,
in der nur Licht ist und sich der Traum der Getrenntheit für immer auflöst.

Geleite uns in diese neue Welt – JETZT!

Du hast Helfer gesandt, um uns den Weg zu weisen,
und wir nehmen mit ihnen Kontakt auf.
»Die innere Wahrheit hat sich nie verändert«,
um diese Lehre zu vermitteln, sind sie hier.

Wir nähern uns **Dir** unschuldig, als **Deine** Kinder.

Wir sind uns bewusst,
dass wir in uns den heiligen, kindlichen Zustand wiederfinden müssen,
um ganz in **Dein** Reich einzugehen.
Wir entscheiden uns jetzt dafür, uns darauf einzulassen.

Wir öffnen unsere Herzen für das,
was wir von diesen Kindern lernen können,
die noch nicht vergessen haben, wer sie sind.

Sie sind unsere Spiegel, die Spiegel unserer Unschuld.
Öffne unsere Augen, auf dass wir unser wahres Gesicht sehen.

Öffne unsere Herzen, auf dass wir unsere wahre Liebe spüren.
Die Wolken der Unwissenheit lösen sich auf.
Wir erheben uns und gewinnen den Himmel.

Danke für diesen Augenblick!

Wir werden ihn gut nutzen.

Amen

Thomas:

Wir sind jetzt in euch. Alle Kinder sind mit euch, das ist unsere Gabe. Wir haben nicht vergessen, wer wir sind, daher haben wir auch nicht vergessen, wer ihr seid. Es gibt keine Trennung zwischen uns, auch wenn ihr es euch so vorgestellt habt. Die Zeit ist reif für euch, eure kindischen Träume beiseite zu legen und wieder kindlich zu werden. Begreift ihr den Unterschied zwischen kindisch und kindlich? Kindlich zu sein bedeutet, das Ewige in dir zu umarmen und mit allem zu SPIELEN. Warum fordere ich euch auf, damit zu spielen? Weil spielen die Weise ist, wie man mit den Dingen, die nicht wirklich sind, umgeht. Ihr habt euch seit langem dafür entschieden, die Konsequenzen eures Traums äußerst echt wirken zu lassen, und das kam euch teuer zu stehen. Jetzt ist es an der Zeit, es loszulassen und wieder damit zu spielen. Ihr habt dieses Spiel nicht verloren. Das wäre unmöglich. Aber ihr habt es auch nicht gewonnen. Es gibt in der Welt der Formen nichts, was euch helfen würde, das Spiel zu gewinnen. Ihr gewinnt es, indem ihr eure Augen öffnet und erkennt, wie HEILIG ihr selbst seid. Wenn ihr das tut, werdet ihr alle anderen in dem gleichen Licht sehen. Das meine ich, wenn ich euch auffordere, wie Kinder zu sein. Kinder spielen mit der Welt und sind frei von deren Illusionen. Jetzt fordern wir euch auf, das Gleiche zu tun. Es ist ganz einfach – viel einfacher, als ihr denkt.

J. Twyman:

Es gibt keine medial hochbegabten Kinder außerhalb von dir, die dir in irgendeiner Weise helfen können. Solange du das glaubst, hast du die Botschaft der Kinder nicht wirklich begriffen. Es gibt nichts außerhalb von dir. Nichts! Die Welt, der Himmel, alles, was du wahrnimmst, ist in dir. Vielleicht hast du das schon tausend Mal gehört, aber hast du es wirklich gehört? Es geht für dich darum, diese Wahrheit mit deinem ganzen Sein zu erkennen und zu wissen. Die Kinder werden dir dabei den Weg weisen. Sie haben nicht vergessen, wer sie sind, deswegen haben sie auch nicht vergessen, wer du bist. Das ist ihr Geschenk – es ist das Geschenk jedes Meisters. Gottes Licht in dir ist immer unverändert geblieben. Du hast lediglich deine Augen davor verschlossen und es woandershin projiziert. Jetzt ist es an der Zeit, die Augen wieder zu öffnen und zu SEHEN.

Zu sehen, wie Gott sieht.

Zu fühlen, wie Gott fühlt.

Zu wissen, was Gott weiß.

Was sieht Gott: Nur Gott.

Was fühlt Gott: Nur Liebe.

Was weiß Gott: Dass es im ganzen Universum nur Eines gibt, was wirklich ist, und diese Wirklichkeit ist unverletzbar. Gott weiß nur, was wahr ist. Wenn alles gesagt und getan ist, ist dies das einzig Wichtige.

Der Geliebte (Gott) sieht nur das Geliebte.

Schaue mit diesem Blick auf die Realität und du wirst erkennen, dass du eins bist mit Gott, eins mit dem Blick Gottes und eins mit der ganzen Wirklichkeit.

Jesus sagte: »Viele sind berufen, aber nur wenige werden folgen.« Nimm also die nachfolgende Frage nicht auf die leichte Schulter, denn deine Antwort kann weitreichende Konsequenzen haben. Sie wird darüber entscheiden, ob du weiterhin ein Sklavendasein fristen oder in dem, von Gott für dich vorgesehenen Licht leben willst. Deine Bereitschaft, auf diesen Ruf zu hören, wird über Sieg oder Niederlage entscheiden.

WIRST DU DIE HAND ERGREIFEN, WELCHE DIE KINDER DIR REICHEN UND IHNEN VON DER DUNKELHEIT INS LICHT FOLGEN? BIST DU BEREIT, ALLES ZU GEBEN, UM DICH DARAN ZU ERINNERN, WER DU WIRKLICH BIST?

Mach dir nichts vor, denn nur die wirklich verbindliche Hingabe an diesen Prozess bringt deine Entwicklung voran. Du bist aufgefordert, in dieser Welt zu sein, doch nicht von dieser Welt. Alles Bisherige war Vorbereitung. Du kannst dich entscheiden, noch tausend weitere Jahre zu schlafen, oder du kannst in diesem Augenblick aufwachen. Die Tür deiner Zelle war nie verschlossen, doch du hast dich davor gefürchtet, die Türklinke zu drücken. Öffne die Tür und tritt heraus ins Freie. Das ganze Universum erwartet dich. Die Welt braucht dich jetzt, als Retter in dieser Zeit. Du kannst es, indem du aus der Zeit heraustrittst und deinem ewigen Selbst die Hand reichst. Fürchte dich nicht, denn die Nacht ist vorbei und die Sonne strahlt hell am Himmel.

Diese Woche möchte ich euch zwei Aufgaben geben. Als erste, die oben genannte Frage ernsthaft zu erwägen. Ihr wurdet gerufen, aber werdet ihr antworten? Seid ihr entschlossen genug, alles zu tun, was zur Erkenntnis der Wahrheit nötig ist? Manchmal wird der Preis unendlich hoch erscheinen und ihr werdet an Umkehr denken. Doch genau dann müsst ihr durchhalten. In jenen Augenblicken steht alles auf dem Spiel, deswegen spielt sich das Ego auch so auf. In jenen Augenblicken beweist sich die Tiefe eurer Hingabe, denn ihr werdet das Gefühl haben, mit dem Rücken an der Wand zu stehen – an der Wand eures Gefängnisses. Spürt also in euch hinein, wie ernst es euch mit diesem Weg ist. Erinnert euch daran, dass der Erfolg sicher ist. Die Frage ist nur, ob ihr ihn JETZT wollt. Ich meine, ihr solltet nicht warten, denn ihr würdet eine Menge verpassen, wenn ihr euch für Angst, statt für Liebe entscheidet.

Die zweite Aufgabe ist, mit der Welt spielerisch umzugehen, genau wie Thomas sagt. Schaut euch im Laufe des Tages um und versucht zu erkennen, dass ihr alles, was ihr wahrnehmt, selbst erschaffen habt, und dass ihr es genau so einfach ändern könnt. Wenn ihr in irgendeiner Situation anfangt, euch anzuspannen und unwohl zu fühlen, erinnert euch einfach daran, dass der Schein trügt und lasst es los. Lernt wieder wie die Kinder zu werden.
Diese Woche wähle eine Person aus, die dir helfen wird, die Türe noch etwas weiter zu öffnen. Die Person braucht davon gar nichts zu wissen. Ihre Aufgabe wird sein, dich an Gottes Liebe zu dir zu erinnern. Diese Person wird für dich die physische Verkörperung der heiligsten Liebe sein, deiner Verbindung mit dem Göttlichen. Durch die Augen dieses Menschen wirst du dich selbst sehen und dann Gott, und du wirst die Wahrheit erkennen.

Wähle also jemanden aus, mit dem du regelmäßig Kontakt hast und zu dem du eine tiefe Zuneigung verspürst. Je tiefer die Zuneigung, desto besser (z.B. dein Partner oder deine Partnerin oder dein Kind). Tu diese Woche so, als wäre diese Person Gott. Erzähle ihm oder ihr nichts davon, aber vergegenwärtige es dir, so oft du kannst. Jedes Mal, wenn ihr zusammen seid, schau dem anderen in die Augen und sieh das Göttliche. Spüre das Herz Gottes durch diese Person und wisse, dass Gott da ist. Je mehr du dich auf diese Übung einlassen kannst, desto mehr wird sie dir geben. Eine halbe Stunde pro Tag wäre gut, mehr wäre noch besser. Es geht hierbei darum, das Heilige in den alltäglichen Augenblicken deines Lebens zu erkennen. Die Person wird es spüren, wenn auch vielleicht nicht bewusst. Es ist das größte Geschenk, das du jemandem machen kannst.

Heilung entsteht aus dem Sehen dessen, was wirklich ist. Viele von euch haben gelernt, aus ihren Händen Heilenergie fließen zu lassen. Die Kinder sind jedoch der Meinung, dass wir dieses Licht am besten durch die Augen weitergeben können, jedoch aus anderen Gründen, als du jetzt wahrscheinlich denkst. Deine physischen Augen sind nicht zum Sehen erschaffen worden, das heißt, um die vom Ego erschaffene Welt der Körper und Getrenntheit zu schauen. Was würde geschehen, wenn du sie, statt für die Ziele des Egos für die des Geistes einsetzen würdest? Deine Seele sehnt sich danach, alles so zu sehen, wie es wirklich ist, Eins mit dem Schöpfer. Wenn du endlich lernst, das zu sehen, was wirklich ist, fangen deine Augen an, sich zu verändern. Du verwendest sie nämlich bisher genau für das Gegenteil von dem, wofür sie vorgesehen sind. Verstehst du es? Es mag dir nicht leicht fallen, das zu akzeptieren, doch du bist inzwischen weit genug, um das annehmen und anwenden zu können. Wenn du deine physischen Augen dafür verwendest, das zu sehen, was der GEIST (Gott) sieht, dann ist die Gabe in dir aktiviert und du kannst Wunder wirken.

Ich wiederhole das noch einmal, weil es so wichtig ist: Wenn du deine physischen Augen dafür verwendest, das zu sehen, was der GEIST (Gott) sieht, dann ist die Gabe in dir aktiviert und du kannst Wunder wirken.
Dafür bist du hier.

Wenn du einem anderen Menschen in die Augen schaust und siehst, wer das wirklich ist, wenn du ihn so siehst, wie Gott ihn sieht, in seiner ganzen Vollkommenheit, so gibst du diesem Menschen ein kostbares Geschenk. Und weil du eins mit ihm bist, beschenkst du auch dich. Wenn ihr eure Augen dafür verwendet, die Wahrheit in einander zu sehen, erzeugt ihr ein Schwingungsmuster des Friedens, auf das sich andere ganz leicht einschwingen können, auch wenn sie sich dessen nicht bewusst sind. So entstehen Wunder, durch göttliche Resonanz. Ihr schreitet mit dem Menschen, den ihr anschaut, zusammen durch das Tor der Ewigkeit. Dein Gegenüber mag sich all dessen nicht bewusst sein, aber seine Seele spürt genau, was geschieht, und die Verwandlung vollzieht sich automatisch.
Verbringt so viel Zeit wie möglich damit, die Wahrheit in anderen zu sehen. Nehmt euch bewusst jeden Tag etwas Zeit dafür, mindestens eine halbe Stunde. Vielleicht spürt ihr, wie sich das Resonanzmuster in euch aufbaut, das ihr dann an jeden weitergeben könnt, dem ihr begegnet. Ihr braucht nicht zu verste-

hen, wie ihr das tut. Das Licht weiß, wie es sich verhält und wie es heilt. Eure Aufgabe ist nur, den Austausch zuzulassen. Beobachtet euer eigenes Herz und wie es sich verändert. Bemerkt die Freude in euch und die Liebe. Je mehr ihr dies übt, desto mehr werdet ihr begreifen. Und dann werdet ihr bereit sein für den nächsten Schritt. Mit dieser heiligen Resonanz heilt ihr euren eigenen Verstand.

»Wie würdest du dich verhalten, wenn du wüsstest, dass du hier und jetzt ein Abgesandter der Liebe bist?«

Halte einen Augenblick inne und spüre diesen Worten nach. Was, wenn dies nicht nur eine hübsche Idee, sondern Wirklichkeit wäre? Was, wenn du wirklich hier und jetzt erleuchtet wärst? Wie würde es dein Leben verändern, wenn du diese Tatsache endlich realisieren würdest? Wie würde es deinen Umgang mit anderen beeinflussen? Was, wenn diese Frage der Kinder auf die essentiellste Tatsache deines Lebens zielte? Denk nicht darüber nach, sondern spüre, was dein Herz dazu sagt.

Vor kurzem hielt ich in einem Ashram in New York einen Vortrag und dabei »fühlte« ich diese Wirklichkeit. Sie war präsent, direkt vor mir und strahlte mir aus den Gesichtern derjenigen entgegen, zu denen ich sprach. Sie leuchteten voller Anmut und Heiligkeit, sie vibrierten mit der Essenz von Frieden. Das hatte ich mir nicht eingebildet, denn einen Augenblick später fühlte ich Marco an meiner Seite. Er flüsterte mir die Worte ins Ohr und berührte mein Herz. Dies war das erste Mal seit meinem Besuch im Kloster in Bulgarien, dass ich seine Gegenwart fühlte.

Er hatte sein Versprechen gehalten, denn ich wusste, ich war nicht allein und die Worte, die ich mitteilte, waren wirklich.

»Ihr seid jetzt erleuchtet«, sprach er durch meinen Mund. »Es gibt nichts, das ihr tun könntet, um dieses Geschenk zu verdienen, aber ihr könnt es in eurem Leben willkommen heißen.
Das ist alles, was es braucht: Euer Willkommen.«

Über den Autor

James F. Twyman ist ein international bekannter Schriftsteller und Musiker. Er bereist die ganze Welt mit seinen Friedenskonzerten, vor allem Krisengebiete. Als sogenannter »Friedenstroubadour« wurde er von Regierungen und Menschenrechtsorganisationen bereits in den Irak, nach Nordirland, Bosnien, Serbien, Kosovo, Israel, Ost-Timor und Mexiko eingeladen. Er trat auch schon vor den Vereinten Nationen in New York auf. Dabei bindet er auf einzigartige Weise mit seiner Musik und im Gebet Tausende von Menschen in Friedensprozesse ein.
Diese Arbeit begann damit, dass er 1994 die Friedensgebete von zwölf großen Religionen vertonte, um zu zeigen, dass alle spirituellen Wege auf dieses gemeinsame Ziel hinweisen: Frieden. In seinem Buch »Die Boten des Lichts« erzählt er von seinen Erfahrungen, die er 1995 im Zusammenhang mit einer Konzerteinladung in den bosnischen Bergen machte, wo er in die Geheimnisse einer uralten Gemeinschaft spiritueller Meister eingeweiht wurde.
Seit 1995 war James Twyman an der Organisation mehrerer weltweiter Gebetswachen beteiligt, an denen Millionen von Menschen teilgenommen haben. Am bekanntesten wurde das sogenannte »Große Experiment« am 23. April 1998, an dem sich mehr als fünf Millionen Menschen in achtzig Ländern beteiligten.
Er hat auch das »Cloth of many Colors«- Projekt ins Leben gerufen, bei dem die Friedensgebete von Tausenden von Menschen in Form eines riesigen Quilts zusammengefügt wurden. Diese anderthalb Kilometer lange Decke wurde den Vereinten Nationen und dem Pentagon vorgestellt und am 20. September 2000 demonstrativ um das Capitol gewickelt.
Von James Twyman liegt auch das Buch »Portrait of a Master« über Franz von Assisi in englischer Sprache vor sowie fünf CDs.

Mehr Informationen über seine Arbeit, Kurse und Programme finden Sie unter **www.emissaryoflight.com**.

Wer die Entwicklung weiter verfolgen möchte, kann eine E-Mail an **list@emissaryoflight.com** schicken mit dem Stichwort »list« und wird damit in den Verteiler aufgenommen.

Lee Carroll / Jan Tober

Die Indigo Kinder

Dies ist das allererste Buch zum Phänomen »Indigo-Kinder«, woher sie kommen, warum sie »Indigo«-Kinder heißen u.s.w. In diesem Werk bringen Lee Carroll und Jan Tober einige hochgradig kompetente Fachleute aus Medizin, Pädagogik und Psychologie zusammen. Es geht um einen Kurswechsel beim Umgang mit diesen Kindern und deren Erziehung.

Paperback, € 17,40

ISBN3-929512-61-0

Doreen Virtue

Das Praxisbuch für Indigo-Eltern

Das Praxisbuch für Indigo-Eltern befasst sich mit den ungewöhnlichen psychologischen Merkmalen und den besonderen Eigenschaften der Indigo-Kinder. Die Autorin und Mutter von vier Indigo-Kindern beschreibt sehr eindrucksvoll, wie man im Alltag auf natürliche Weise mit Indigo Kindern umgehen kann. Mit diesem bahnbrechenden Praxisbuch werden Sie umgehend positive Veränderungen im Umgang mit Indigo-Kindern erreichen. Sie werden in der Lage sein, die Zukunft der Kinder auf eine wunderbare Weise zu gestalten.

Paperback, € 17,40

ISBN 3-929512-18-1

Paul Dong / Thomas E. Raffill
Indigo-Schulen
Chinas Trainingsmethoden für medial begabte Kinder

China ist seit vielen Jahren an der Untersuchung parapsychologischer Fähigkeiten interessiert. Kinder mit paranormalen Begabungen werden inzwischen gezielt gefördert. Bei entsprechender Schulung lernen sie z.B. mit den Händen zu heilen oder in die Zukunft zu sehen. Paul Dong beschreibt auch einige Erwachsene, z.B. den Arzt Yan Xin, bei dessen Vorträgen nachweislich „Wunderheilungen" geschehen sind und einen Mann, der durch Wände gehen kann.
Paperback, € 17,40
ISBN3-929512-62-9

Lee Carroll

Kryon-Karten

In den letzten zehn Jahren hat ein Engel namens Kryon uns mehr als neun Bücher mit seinen tiefen Weisheiten und spirituellen Anleitungen für ein positives, heiteres Leben übermittelt. Durch Lee Carroll als Channel erzählt uns Kryon, dass wir sehr geliebt werden und dass wir durch unser Sein auf diesem geplagten Planeten Entscheidendes bewirken können.
Dieses 50 Karten umfassende Deck ist als tägliche spirituelle Hilfestellung und Aufmunterung gedacht. Kryon widmet sich der kontinuierlichen Manifestation des Friedens auf Erden. Dieser Frieden beginnt in jedem von uns.
50 Karten, vierfarbig im Kartonetui
€ 16,00
ISBN3-936862-11-7